崔雪梅 编著

管人要稳
管事要准

吉林出版集团股份有限公司

图书在版编目（CIP）数据

　　管人要稳　管事要准 / 崔雪梅编著 . –– 长春 : 吉
林出版集团股份有限公司 , 2019.4
　　ISBN 978–7–5581–6210–7

　　Ⅰ . ①管… Ⅱ . ①崔… Ⅲ . ①管理学 – 通俗读物
Ⅳ . ① C93–49

　　中国版本图书馆 CIP 数据核字（2019）第 079487 号

GUAN REN YAO WEN GUANSHI YAO ZHUN
管人要稳　管事要准

编　著：崔雪梅
出版策划：孙　昶
项目统筹：郝秋月
责任编辑：李金默　颜　明
装帧设计：韩立强
出　版：吉林出版集团股份有限公司
　　　　（长春市福祉大路 5788 号，邮政编码：130118）
发　行：吉林出版集团译文图书经营有限公司
　　　　（ http: //shop34896900.taobao.com ）
电　话：总编办 0431–81629909　营销部 0431–81629880 / 81629900
印　刷：天津海德伟业印务有限公司
开　本：880mm × 1230mm　1 /32
印　张：6
字　数：150 千字
版　次：2019 年 4 月第 1 版
印　次：2019 年 7 月第 2 次印刷
书　号：ISBN 978–7–5581–6210–7
定　价：32.00 元

印装错误请与承印厂联系　电话：022–82638777

前言

　　作为一个组织的管理者，拥有着一种特殊的资源：员工。而对这种资源的管理存在着不同的层次。管理得好，它可以取之不尽、用之不竭；管理不好，它也可能一取即尽、一用即竭。那些只知用职权管人，而不知用人格影响人的领导，无论官位有多高、能力有多强、知识有多丰富，都无法取得下属的信任，更别说长期追随。而一个没有人与之同心同德的管理者，即便有再伟大的理想、再完美的计划，也只能是空中楼阁。相反，成功的管理者具备"登高一呼，众山响应"的号召力，具备利用各种人才、平衡各种力量的统筹能力，具备"用人长、容人短""胜不骄，败不馁"的胸怀和气度，具有应对各种困难、各种复杂局面的手段和技巧，他无论在哪里出现，都会成为众人瞩目的焦点，即使他不出声，也能令人毫无保留地对他产生信任感，人们愿意接受他的建议，在有突发事件时愿意听从他的指导。这种领袖模范是如此令人着迷，使多少管理者望之兴叹。

　　因此，对于管理者来说，用职权管人不是本事，通过人格服人才是本事；颐指气使不是本事，"不令而从"才是本事；用惩罚使人害怕不是本事，凭魅力赢得追随才是本事；自己有本事不是本事，让有本事的人为己所用才是本事。管理是一门学问，是一门艺术，更是一套高深的谋略。你不能因为自己是"官"就对人吆五喝六，又不能与他们称兄道弟失去威严；你不能玩弄权术，让人觉得你城府很深，又不能心中不藏事什么都往外说；你既不能疑神疑鬼又不能偏听偏信……作为领导，魔鬼手段与菩萨心肠应该兼备，做到管人要稳，管事要准。

本书紧紧围绕"管人要稳，管事要准"的主题，结合生动具体的案例，运用简明流畅的语言，阐述了管人方法、管事策略，针对团队管理者的工作任务，从领导风格、领导力打造、权力运用、用人之道、激励手段、决策方略、沟通艺术、解难艺术等方面系统介绍了管理者应具备的领导素质和应掌握的领导艺术，是每一位有心成就卓越的管理者必备的日常管理工具书。全书体系规范、科学，内容全面、实用，为管理者提供了一份全方位的细致周详的工作手册，帮助管理者提高理论水准和管理素养，有效解决各类管理实务问题。

目录

下　篇　管事要准：做对事才能基业长青

第一章　制定规则，让每一件事都有制度可依

第二章　相机决策，抓大放小准确而果断地拍板

上篇

管人要稳：得人心者得天下

第一章

以德服人，江山之固在德不在险

小胜凭智，大胜靠德

《菜根谭》中有句名言："德者事业之基，未有基不固而栋宇坚久者。"意思是说，一个人有高尚品德是其事业的基础，如同建楼，不打牢地基就不能坚固长久。人格低下、品德不端的人，即使一时做出一些成绩，获得一些名利，也不会长久。优秀的领导者需要具备高洁的品德。就像蒙牛集团的开创者牛根生，他是靠德取胜的典范。

"小胜凭智，大胜靠德"，这是牛根生常挂在嘴边的话，因为"德"是制服人心的最佳利器。"想赢两三个回合，赢三年五年，有点智商就行；要想赢一辈子，没有'德商'绝对不行"。

当初牛根生被迫离开伊利，卖掉伊利股票成立蒙牛时，原来跟随牛根生的兄弟便一起投奔到了牛根生的麾下。

牛根生在和林格尔竖起的蒙牛大旗之所以有这样的号召力，这与牛根生的"德商"有着最为直接的联系。

在伊利工作期间，牛根生曾因业绩突出，而受到公司嘉奖。

公司奖励给他一笔足够买一部好车的钱，而他却用这笔钱买了4辆面包车——让自己的直接下属一人有了一部车。

据与牛根生关系很"铁"的人介绍，牛根生还曾分给大家108万元。

2000年，和林格尔政府奖励牛根生一台凌志车，价值104万元，而当时比牛根生大8岁的副董事长获得的奖励是一辆捷达车。但是，此时的牛根生并没有打算享受这部豪华轿车，而是提出了与这位副董事长换车。

换车之后，牛根生的女儿很不理解父亲的作为，在很长时间内都用一种怀疑的口吻问牛根生："这部车是不是真的给了邓大爷？"

这正是牛根生所追求的"德"，他想通过这样的行为来向人们传递出一个信息，"牛根生做企业不是为了个人赚钱和享乐"。

据牛根生介绍，在物质方面，自己的各项条件都要比身边的副手差。"我们有两位副总坐的都是奔驰350，我的副董事长坐的是凌志430，雷副总坐的是沃尔沃，而我坐的是一辆小排量的奥迪。"

2005年1月12日，牛根生再次将自己的"德商"发挥到了极致。牛根生宣布将自己个人所得股息的51%捐给"老牛基金会"，49%留作个人支配。他还承诺在他百年之后，将其所持股份全部捐给"老牛基金会"，并将这部分股份的表决权授予后任的集团董事长，家人不能继承任何股权，每人只可领取不低于北京、上海、广州3地平均工资的月生活费。

对此，有记者问牛根生，在很多人希望将原本不属于自己的东西占为己有的情况下，为什么要将原本就属于自己的财富散尽，难道你的理想就是要建立一个乌托邦吗？

牛根生的答案仍是那"老套"的4个字：大胜靠德。

不错，"小胜凭智，大胜靠德"，要想获得大的胜利，还需靠"德"！德即道德、德行。细化起来，各行各业都有其道德遵循。德是一种境界，是一种追求，是一种力量，是一种震慑邪恶、净化环境、提升思维、积累学业财源的动力，德能使自己内功强劲，无往不胜。

管出"先进"，自己先当"先进"

领导者只有带好头、做好榜样，才能赢得下属的信任与追随，这是任何法定权力都无法比拟的一种强大的影响力和号召力。

美国西点军校因为培养出麦克阿瑟、艾森豪威尔、巴顿、格兰特等人而被誉为将军和总统的摇篮，成为全球最著名的军事院校，在政治界与经济界极负盛名。西点军校还先后培养出了许多优秀的经济界人才——在世界500强企业中任职的1000多位董事长、2000多位副董事长和5000多位总经理。

然而，西点军校与哈佛、沃顿、麻省理工、斯坦福、耶鲁这些全球知名商学院相比，并没有开设财务管理、市场营销等专业工商学科，为什么成就却还比这些学校牛呢？这主要是因为西点军校培养出来的学生都具有强大的领导力。这些学生的领导力又来自哪里呢？这主要得益于西点军校对于领导力的与众不同的观念。

在许多人看来，只要当上了官，特别是当了一把手，自己说的话就成红头文件了，就自然而然具有不可撼动的领导力。但西点军校对领导力的界定却并非如此。他们认为：领导力并不是什么法定的权力，而是一个过程，在这个过程中，领导者的行为、能力、品位、风格必须影响追随者的需求、价值、追求、渴望，这样才能在下属面前塑造形象、树立威信，产生强烈的凝聚力和感召力，从而激发出下属的敬佩感、信赖感和服从感，领导者就像磁石一样吸引着部下，成为他们学习的榜样。

巴顿，堪称美军历史上最骁勇善战的装甲部队指挥官，他如此善战的原因成了很多人争相研究的问题。为巴顿写传记的作家埃德加精辟地道出了其中的奥秘："巴顿作为统帅人物，其最大的特点是以他本人的尚武精神去激励部下。他用自己的个性成功地影响了整个部队。尽管部属们有时恨他，但仍然能够仿效他的言行，像他那样思索和战斗。"

《论语》中有"其身正，不令而行；其身不正，虽令不从"的话，其实也是对领导力的一种注解。意思是，只要自己的行为端正，就算不下任何命令，部下也会遵从执行；如果自己的行为不端正，那么无论制定什么政策规章，部下也不会遵从执行。

要想管出"先进"，自己就要先当"先进"。这自古以来都是为政、为将、为教者的准则及其号召力之所在。因为领导者的一言一行，无时无刻不处于下属的关注之下，领导者只有时时刻刻、事事处处为下属带好头、树好样，做到严于律己，率先垂范，这样才有威信，才能赢得下属的信任，这是做一个领导者的前提。

作为当今世界上最牛女企业家之一的玫琳凯，同样非常重视领导者在员工中的榜样作用。她说："一个部门的负责人，其行为受到整个工作部门员工的关注。人们往往仿效经理的工作习惯和修养，而不管其工作习惯和修养的好坏。假如一个经理常常迟到，吃完午饭后迟迟不回办公室，打起私人电话来没完没了，不时因喝咖啡而中断工作，一天到晚眼睛直盯着墙上的挂钟，那么，他的下属大概也会如法炮制。不过，下属们也会仿效经理的好习惯。例如，我习惯在下班前把办公桌清理一下，把没干完的工作装进包里带回家，坚持当天的事当天做完。尽管我从未要求过我的助手和秘书也这样做，但是她们现在每天下班时，也常提着包回家。作为一个经理，重任在肩，职位越高，就越应重视给人留下好的印象。因为经理总是处于众目睽睽之下，所以你在做任何事情时都务必要考虑到这一点。以身作则的好处是，过不了多久，你的下属就会照着你的样子去做。"

正人先正己，做事先做人。管理之道亦是如此，职权只能使下属服权而不服人，口服而心不服，即便能产生威信也是极其脆弱的。所谓上行下效，领导者无论职务多高、权力多大、资历多深，都应该要求别人做到的自己先做到，这样才能树立起威望，增强执行力，提高管理效率。

用仁义得人心

"仁者爱人"，一个人如果有仁义之心，就能爱人，而爱
人者就能得人心。这是千古不变的道理。领导者要征服人心，
最重要的是要征服对方的心。比如：给地位卑贱者以尊重，给
贫穷者以财物，给落难者以援力，给求职者以机会等。这众多
的方法都是在用仁义获得人心。

惠普公司的创始人戴夫·帕尔德年轻时酷爱体育运动，体
育教练曾经对他讲，当两个争夺冠军的球队水平旗鼓相当时，
默契配合就会变得极为重要，特别是在那些瞬息万变的比赛中。
这个道理似乎谁都懂，但是只有真正在运动场上实践过的人才
会真正理解这一原则有多重要。

帕尔德一直把这些话铭记在心，并在以后的工作生活中努
力去促成人与人之间互相信任，互相关心和密切配合。他心里
明白，想要达到这样的效果，除了用制度一类的东西，还要用
仁义的手段来获得人心。

惠普公司因为在第二次世界大战期间发展迅速，当时就已
经成为拥有 200 万美元资产和 200 名工人的公司。但是战争一
结束，许多军事项目迅速停建，电子设备在军用市场上的总销
售量迅速下降。由军事工业带动的日用品市场迅速萎缩，惠普
公司的业务一落千丈。

面对市场的衰退，帕尔德不得不辞退了 100 多个工人。看

到许多曾经一起创业的朋友马上就要沦为失业者，帕尔德心里很难受。他深深地懂得了失业对工人意味着生活水平的迅速下降和自尊心的巨大伤害。眼看着人们陆续地默默离去，帕尔德心中发誓：一定要渡过难关，把公司搞上去，把这些工人重新请回惠普公司。

这次解雇工人给帕尔德留下了终生难忘的印象。从这之后，惠普公司即使在最困难的时候也坚持不辞退员工，这在硅谷绝无仅有。

随着市场的复苏，惠普公司又恢复了往日的辉煌。公司又重新拥有 200 名员工。到 20 世纪 40 年代末，惠普公司资产已接近千万美元，成了硅谷中的明星企业。

1959 年，正当惠普的业绩蒸蒸日上时，帕尔德却注意到公司员工的热情似乎不高，这是为什么呢？

惠普公司的股票 1957 年上市以来，股价节节攀升，成为华尔街的宠儿，难道在这样的公司还有什么怨言吗？

当帕尔德婉转地问公司一名检测人员时，这位员工告诉他："是的，我为在这样一个大公司工作感到自豪。但是，作为一名员工我却没有感到自己是企业的主人。工薪的确在上升，但老板还是老板，伙计还是伙计。"

听了这一席话，帕尔德陷入了沉思。"没错，应该让大家成为公司的主人，这样工作起来才会齐心协力，才会一心把公司搞好。"帕尔德想。

第二天，帕尔德就在公司主持的记者招待会上正式宣布，惠普公司为调动员工的积极性，将推进职工持股计划，把公司发展所获得的巨大利益分配到辛勤工作的员工那里。

这就是后来风靡美国的职工持股计划，他把公司股票按工作时间分阶段分给职工。职工成为公司主人，顿时面貌一新，惠普公司销售、生产各方面均呈现出一片新的气象。

人都是有感情的，身为领导者，只要用仁义之心去对待下属，为下属着想，站在下属的立场上看问题，帮助下属解决实际困难，下属也一定会用心回报你。领导者懂得了这些，就要在实际工作中注意这些问题，尽力做到用仁义获得人心。

不要总想一个人独占所有的好处

鹿和马都是跑得较快的动物，只不过鹿生活在森林中，马生活在草原上，彼此都有亲切感，但是关系却仅限于碰面时打个招呼而已。既然双方都有成为朋友的意愿，何不进一步促进彼此的关系呢？于是，鹿就邀请马到家里来玩，马欣然同意了。

一个春日的午后，马踏入森林准备去拜访鹿，然而，马才走进森林不久，就后悔了。森林和草原是完全不同的世界，它起初还不觉得有什么不同，可是越往森林里面走，树木就越高壮，繁盛的枝叶遮蔽了天空，甚至高挂在天空的太阳，也渐渐地看不见了。

怀着不安情绪的马，突然对住在森林里的鹿感到害怕，它不得不承认，只有灵敏的鹿才适合这座密林。不过，一想到鹿能灵巧地在林木间穿梭，马的心中不禁生起一股嫉妒的感觉，当下就掉头回家了。

后来，人类邀请马与他们合作，马被人类的智慧和无尽的粮草所诱惑，于是答应了人类的要求。

有一次，马不经意地谈起鹿和它生活的森林，聪明的人类听出了马的嫉妒之心，便对马说："其实你才是世界上跑得最快的动物，如果你能依照我们的方法去做，我们可以提供你更加丰盛的食物，这么一来，即使是在森林里，你也一定能够跑赢它。"听到人类的这番话，马觉得自己确实跑得赢鹿，于是答应依照人类的方法行事。

人类利用可以让马吃饱的条件，骑到了它的背上，并且一起进入森林追赶、猎捕鹿，被追得走投无路的鹿满怀悲伤，对马露出悲哀和疑惑的神情。它怎么也想不出马为什么会带着人类来捕杀自己，而此时的马早已被缰绳和鞭子弄得疼痛不堪，根本没有多余的精力去察觉鹿的变化。

从那次狩猎结束之后，人类便把马的缰绳紧紧抓在手中了。人们喂马、养马，把它们绑在专门建造的马厩里，当人类需要的时候，马就必须为人类服务，再也不能在草原上自由驰骋了。

天下好事，不可能由一个人独占。马有这样的图谋，既想在草原上驰骋，又想在森林中穿梭，结果被人驯服，就连草原也再不可能任意驰骋了。

汉朝人张汤出身为长安小吏，却平步青云登上御史大夫的宝座，且深得汉武帝信任。这得益于他独特的行为方式。每当有政事呈上，武帝不满，提出批评，张汤立刻谢罪遵办，并说："圣上极是，我的属下也提出此意见，我却未采纳，一切都是我的错。"反之，若武帝夸奖他，他则大肆宣扬属下某某点子好、某某办事利落。如此得到了手下人的爱戴。

在荣誉到来之前，有些领导者常常利用自己的领导地位挺身而出，当仁不让，似乎这样才能表现出自己的高大形象，才能说明自己的成功。殊不知，一个领导者是否真正成功，得看他手下的人是不是成功了，只有下属成功了，才表明领导者也成功了。领导者应该记住：不要既想当裁判，又想当进球的那个人。

领导者如果心中只为私利，私自窃取下属的功劳，下属自然不会为你卖命效力。老子所谓："长而不宰，为而不待，功成弗民。"这就是劝诫领导要能容人，共享繁荣。

然而，最难做到的是对下属让功，或公开表扬下属的才华功劳。领导者如果有这样高的涵养，下属自会感恩图报。同样，当下属犯错，能首当其冲，承担责任，势必会得到下属的敬佩与爱戴。这是最高境界的领导方法。

不要总是摆架子，以老大自居

有些人一朝当了领导，无论官大官小，都希望自己能给人以与以前"不同"的感觉，喜欢以强势的形象出现在下属面前。在这些自以为高明的人看来，领导是下属的统治者，下属是被管理的对象，是"兵"，领导是"老大"，二者有着根本的区别。

这样的领导，他们崇尚领导地位的至高无上，认为领导就要有领导的派头，是下属的"头儿"，高高在上，下属只能敬畏他们，在他们面前下属只能乖乖地努力工作，绝不能捣乱生事。

如果一个领导者认为自己的下属就应该任由自己驱使，每个下属在自己面前就应该卑躬屈膝，那么这个领导永远也不会有什么成绩，更不会赢得下属真正的尊敬。即使他每天看到的下属都一个个点头哈腰，他也无法体会到做领导者的快乐。因为在下属眼里，他是一个独裁者，少了真诚的交流与合作，当然也就不会有真正的快乐可言。

所以，真正高明的领导者绝不会在下属面前摆架子，以老大自居。即使他们真的有着可以炫耀的资本，他们也不会因此就摆架子，更不会以"老大"的心态对下属发号施令。

谦虚使人进步，骄傲使人落后。一个在下属面前摆架子，时刻以"老大"自居的领导，绝对不会听取下属的意见，也就不可能做出最佳的决策。而下属也会因为领导的"老大"作风而感到不适，不愿与他相处，时间久了，这样的领导只会被下属孤立。须知，一个被孤立的领导者是不可能获得成功的，因为事业的成功不只是个人能力的体现，更要依赖下属的全力支持。一个平易近人的领导者很容易就能做到这一点，而那些靠耍威风、摆架子的领导者，最终只会让自己成为一个光杆"老大"。

IBM 公司享誉全球。它们的生产和销售份额在全球市场上都占有相当大的比例，而 IBM 之所以有今天的地位和成就，能够发展成今天这样的庞大规模，不得不提到一个以生活理念经营 IBM 的人——董事长汤姆斯·华德逊。华德逊家教很严，从小就受到父亲严格的教育：言行举止要中规中矩，平日待人接物要有敬老尊贤之念，为人处世要诚实谦逊，工作要全力以赴……华德逊把父亲的教诲奉为自己工作和生活的准则，终生信守不渝，"其实不是下属们在为我工作，而是我和下属共同为所有的人工作"，并用这样的信念为 IBM 公司的崛起奠定了良好的基础。

谦逊做人，用个人魅力去影响自己的下属努力工作，而不是靠权力和地位以及"老大"的权威来镇压下属，这不仅仅是一种精神上的顿悟，更是领导者应该具有的行为准则。一个动辄以自己的头衔和地位压人的领导者，不仅不会达到对下属施加影响的目的，反而会把自己与下属分割开来，让自己陷入孤立的局面。因此，只有不摆架子、不以"老大"自居的领导，才能充分发挥自己的领导影响力，保证自己的廉洁和自律的品质，最终赢得下属的认可。

多用建议的方式下达命令

说到命令，人们可能会想到在战争故事中"军令如山"，领导下了命令，下级不得不赶紧执行，于是认为以命令方式去指挥下属办事效率最高。但在实际工作中却不尽如此。

下属不仅是被领导的人，还是领导者事业上不可或缺的伙伴。为此，在交代下属工作时，应尽量采用建议的口吻，而不是命令的口气。

例如，领导在命令员工去做事时，千万不要以为只要下了命令，事情就可以达成。做指示、下命令，当然是必要的，然而，同时必须仔细观察考虑，对方在接受指示、命令时，有什么反应，他是在什么样的状态下、怎样接受命令的。

一些领导者总是喜欢颐指气使，有事就大嗓门地命令下属去干。他们认为只有雷厉风行才能产生最佳效果，命令别人去做事的时候也不看人家的意见如何，不是说："小刘，把这份材料赶出来，你必须尽你最快的速度，如果明天早上我没有在我的办公桌上看到它，我将……"就是说："你怎么可以这样做？我说过多少次了，可你总是记不住！现在，把你手中的活儿停下来，马上给我重做！"

结果总是让下属面色冰冷、极不情愿地接过任务，去完成它，而不是做好它。

可是等工作交上来后，这类领导者就会大为失望，不禁有些生气："好了！看来你只是个平平庸庸、毫无创新的人而已！我对你期望很高，可你总是表现得令人失望！就凭你这个样子，永远也别想升职……"

如此情形，说明领导者与下属的关系完完全全地进入了一种"恶性循环"。这是怎么回事？毛病出在哪里呢？就出在领导下达命令的方式上。

自以为自己是领导，就有权在别人面前指手画脚，发号施令；就可以对别人颐指气使，呼来喝去；就可以靠在软绵绵的椅子里，指挥别人去干这个，去干那个？不！没有人喜欢这样的领导。身为领导必须懂得，即便只是一名下属，与你不同的只有分工、职务，在人格上都一样是平等的，根本不存在什么高低贵贱之分。

所以，领导者想让下属用什么样的态度去完成工作，就用什么样的口气和方式去下达任务。

著名的人际关系学家卡耐基曾与美国最著名的传记作家伊达·塔贝尔小姐一起吃饭，她告诉卡耐基，在她为欧文·杨罗写传记的时候，访问了与杨罗先生在同一间办公室工作了3年的助手，这个人宣称，他从未听到过杨罗先生向下属下过一次命令。

例如，欧文·杨罗从来不说："你做这个或做那个"或"不要做这个，不要做那个"。他总是说"你可以考虑这个"或"你认为，这样做可以吗？"

他在口授一封信之后，经常说："你认为这封信如何？"在检查某位助手所写的信时，他总是说："也许我们把这句话改成这样，会比较好一点。"

他总是给人自己动手的机会，他从不告诉他的助手如何做事，他让他们自己去做，让他们从自己的错误中学习成功的经验。

这种方法，不仅维持了下属的自尊，使下属感到自己很重要，同时还让下属希望与这样英明的领导者合作。

约翰·居克是一家小厂主管，有一次，一位商人送来一张

管人要稳　管事要准

大订单。可是，他的工厂的活已经安排满了，而订单上要求的完成时间，短得使他不太可能去接受它。

可是这是一笔大生意，机会太难得了。

他没有下达命令要工人们加班加点地干活来赶这张订单，他只召集了全体员工，对他们解释了具体的情况，并且向他们说明，假如能准时赶出这张订单，对他们的公司会有多大的意义。

"我们有什么办法来完成这张订单？"

"有没有人有别的办法来处理它，使我们能接这张订单？"

"有没有别的办法来调整我们的工作时间和工作的分配，来帮助整个公司？"

工人们提供了许多意见，并坚持接下这张订单。他们用一种"我们可以办到"的态度来得到这张订单，并且如期出货。

所以，身为领导者，如果要向下属下达命令，让他做你想要他做的事或是要他改正错误，那就避免使用"命令"的口吻，不妨试试"建议"的方法。

微笑是俘获人心最便捷的方法

在现实生活中，微笑是组织良好的人际关系、调节各种矛盾的润滑剂。那么，领导者为什么不投大家所"好"，充分利用微笑这一武器帮助自己进行人员管理，俘获人心呢？

领导者用微笑领导下属，是强调在管理过程中，领导者要发自内心地对下属尊重、信任和关怀，不要视下属为路人、为仇敌、为发泄自己不满情绪的出气筒。

虽然微笑不能代替有效的管理制度和方法，但微笑却有任何好制度、好方法都起不到的大作用，它是俘获人心最便捷的方法。

领导者对下属的工作不能吹毛求疵或鸡蛋里挑骨头，而要多以微笑做出正面肯定，发现长处，发掘优点。

不妨换位思考一下，如果自己是员工，上司或者老板整天一副严肃、冰冷、生硬的面孔扣在你心上，让你整天战战兢兢、恐惧不安、心理紧张、心情压抑，你是否还能积极、主动地发挥，还能保证做好工作呢？在这种情况下，无论企业的管理制度、管理方法如何完美无缺，也都难以让企业组织创造出一个令人满意的业绩来。

如果企业的所有领导者，时时刻刻用微笑面对每个下属的每一件事，就会在企业内部创造出一个和谐融洽的气氛，消除上下级之间、同事之间可能存在的隔阂。让下属心情舒畅，不仅能让他们尽心尽力、积极主动地工作，而且还相互支持、相互帮助，形成一个所向无敌的高效团队。企业形成了这样一种团队，就不再有不可克服的困难，这本身就直接构成企业的核心竞争力，保证企业持续稳定发展。试问又有哪个领导不向往这种状态呢？

况且，微笑还是一个不需要任何附加投入就能获得好反馈的方法。它不需要任何人力、物力、财力的投入，需要的只是领导者发自心底的一个微笑——轻轻的面部肌肉运动而已。

因此，它又是一种能给企业直接带来经济效益的最高效便捷的方法。

当然，这里所说的微笑既不是那种"笑面虎"的笑里藏刀，也不是那种只会打哈哈的无原则的滥笑，而应该是真挚的、发自内心的，是自己乐观心态的真实体现，并把这种乐观的情绪传染给你周围的人，从而保持愉悦的心态，充分发挥工作干劲儿。

第二章

慧眼识人，做优秀下属的"伯乐"

知人，知面，更要知心

知人，知面，更要知心，这是识人学上的一个基本定律。从外部观察一个人，并由此了解其性格、为人是"知人行事"的第一步，而摸清对方的心理和意图则是一门更为高深的"功夫"，这不仅需要察人者有一颗善于思考和机敏的大脑，还需要有在社会中不断阅人的经验。领导者只有在不仅知人知面而且知心的情况下，才能决定是否启用或重用这个人。

《孟子·梁惠王章句上》记载说："权，然后知轻重；度，然后知长短，物皆然，心为甚。"意思是说，称一称，然后知道轻重；量一量，然后知道长短；什么东西都要经过衡量及考虑，然后才知道其轻重，人心更是如此。所以，要了解一个人才的"贤"或"不贤"，"能干"或"不能干"，绝非仅靠将个人的经历拿来"权""度"一番，就能找到一群"志同道合"的同志加入你经营的团队一起来"干活"，而必须掌握一定的方法技巧，避免"知人知面不知心"。

战国时期的韩昭侯有一天在剪指甲的时候，故意将一片剪下的指甲屑放在手中，然后命令近侍："我把刚才剪下的指甲屑弄丢了，心里毛毛的，很不是滋味，快点帮我找出来。"

众人手忙脚乱地找了一阵之后，谁也没找到。这时，有一位近侍偷偷剪下自己的指甲呈上，禀报说找到了。昭侯由此发现他是一个会说谎的人。

又有一次，昭侯命令属下四处巡视，察看是否有事发生，结果属下回报说没有动静，经昭侯再三追问，才被告知南门之外，有牛进入旱田偷吃了谷苗一事。

昭侯听完之后，命令报告的人不准泄漏这个消息，然后派遣其他的人出外巡视，并且告诉他们：

"近来发现有违反禁令，让牛马牲畜践踏旱田的行为，你们速去探知，快来回报。"

不久之后，所有的调查报告都呈了上来，但其中并没有一件是关于南门外事件的报告，于是昭侯大发雷霆，命令属下重新严加调查，终于查出了南门外发生的事件。

从此，部下都畏惧昭侯料事如神的能力，再也不敢马虎从事了。

韩昭侯利用探视人心的能力，剔除了身边不堪重用的人，留下一批真正的人才。如果领导者也能像韩昭侯一样具备探视人心的能力，就能识别出哪些是真正的人才。为了使领导者能更好地掌握探视人心这一技巧，下面介绍几种试探方法：

（1）直截了当地询问，从他对事情了解的程度来判断。

（2）追根究底，层层逼问，看他的反应如何。

（3）把秘密泄露给他，从他的反应观察人格。

（4）让不相干的人，从侧面探寻，观察他的反应。

（5）将经济重任托付给他，从旁观察他的品格为人。

（6）以艰难的工作试探他的勇气。

人不可貌相，海水不可斗量

人不可貌相，海水不可斗量。领导者不能被下属的外表而迷了眼睛，应该由表及里，通过观察下属的行为认清他的本质，看准下属的"庐山真面目"。

当一个应试者衣冠楚楚地站在你的面前时，或许你会认为他的外表赏心悦目，但要记住：华丽的外表与能力的大小不一定成正比。企业需要的是有能力的人，而不是时装模特或电影明星。一个穿着普通的人也许会成为企业业务发展的栋梁之材。

怎样才能避免仅以貌识人的错误呢？作为一名领导，要想迅速而有效地识别和发现潜在人才，应注意以下几点：

1. 观其行看其追求

一个人的行为，体现着一个人的追求。任何一个人，一旦进入了自己希望进入的角色，就会为了保住这个角色而多多少少地带点"装扮相"，而那些处在一般状态中的人才，他们既没有失去角色的担心，又不刻意寻觅表现自己的机会，所以，他们的言行都比较质朴自然。领导者如果能在一个人才毫无装扮的情况下透视出他的"真迹"，而且这种"真迹"又包含和表现出某种可贵之处，那么大胆起用这种人才，十有八九是可靠的。

2. 听其言识其心志

潜在的人才大多尚未得志，他们在公开场合说官话、假话的机会不多，因此他们的话，绝大多数都是在自由场合下直抒胸臆的肺腑之言，是不带"颜色"的本质之言，因而就更能真实地反映和表达他们真实的思想情感。

3. 闻其誉察其品行

善于识别人才的人，应时刻保持头脑清醒，有自己的独到见解，不受"语浪言潮"所左右。对于已成名的显露的人才，不跟在吹捧赞扬声的后面唱赞歌，反而应多听一听负面意见；对于未成名的潜在的人才所受到的赞誉，则应留心在意。这是因为人们大多有从众心理，人云亦云者居多，大家说好，说好的人愈发多起来；大家说不好，说不好的人也会随波逐流。而当人才处在潜伏阶段时，是不会受到从众心理影响的。再者，人们对他吹捧没有好处可得。所以，人们对潜在的人才的称赞是发自内心的，所以用人者如果听到大家对一位普通人进行赞扬时，一定要多加注意。

4. 析其能辨其才华

潜在的人才虽处于成长发展阶段，有的甚至处在成才的初始时期，但既是人才，就必然具有人才的先天素质。或有初生牛犊不怕虎的胆略，或有出淤泥而不染的可贵品格。总之，既是人才，就必然有他不同寻常之处，否则就称不上人才。一位善识人才的"伯乐"，正是要在"千里马"无处施展腿脚之时识别出它与一般马匹的不同，若是"千里马"早已在驰骋腾越之中显出英姿，又何须"伯乐"识别。

领导者通过以上四点，就可以避免以貌取人，从而在实际工作中顺利找到真正的人才。

选人的范围要"厚"

领导者选人时，在范围上要秉承宽厚的原则，要任人唯贤，不能计较个人恩怨，做到"内举不避亲，外举不避仇"。古代帝王在选拔官员的时候，唯一的标准是这个人是否有能力，在其位是否能最大化为国家利益服务。如果满足这个条件，仇人也可以举荐，亲生儿子也可以举荐，直属的下级也可以举荐。

春秋时期，晋平公问大臣祁黄羊："南阳缺个县官，你看派谁去合适？"祁黄羊说："解狐最合适。"晋平公很奇怪："解狐不是你的仇人吗？你为什么要推荐他？"祁黄羊回答说："您只问我谁能当县官，又没有问我谁是仇人。"又有一天，晋平公问祁黄羊："朝廷里缺个尉官，你看谁合适？"祁黄羊说："祁午合适。"晋平公又感到奇怪了："祁午不是你的儿子吗？你不怕别人说你为儿子走后门吗？"祁黄羊回答说："您问的是谁适合当尉官，并没有问祁午是不是我儿子。"

孔子听到这两件事，十分称赞祁黄羊。孔子说："祁黄羊这人可真不错，他推荐人，完全是拿才能做标准，对外不计较私人仇怨，对内不避讳亲生儿子，真是大公无私啊！"

祁黄羊之所以举外不避仇，是因为他所秉持的是一颗公正的爱国之心。他抛却个人恩怨，举荐仇人解狐，表现出令人敬佩的高风亮节。

清太祖努尔哈赤是清朝事业的奠基人。他以13副铠甲起兵，经过数十年的艰苦创业，终于使清军发展成为能与明朝抗衡，并取得胜利的力量。这里当然有许多原因，而努尔哈赤广揽人才、善于用人则是其中的重要原因之一。在他最初起兵统一女真各部时就注意争取各部的人才，并能化敌为友，显示出他广阔的胸怀，被后人传为佳话。

为什么历史上有许多杰出的领导者都能够做到"不避仇敌而委以任用"这一点呢？

仔细分析起来，其实也很简单，还是回到用人的出发点上，只要是有德有才的人，就不应该因为一己私利而弃之不用，真正高明的领导者，要成就大事，完全不会去注意个人的恩怨和感情问题，他们的眼里只有"人才"和"无才"之分，而没有亲仇的概念。他们更为清楚的一点就是，放手使用原来敌对阵营的分子或与自己政见不合的人，是表现自己宽宏大量、公正无私、求贤若渴的最好方法，也只有这样做，才能广纳天下贤才。

唐朝建立后不久，唐高祖李渊的两个儿子李建成和李世民为争夺皇位继承权展开了激烈的斗争。魏徵原是李建成的主要谋士，曾献策除掉手握兵权的李世民。李世民获悉后发动了"玄武门之变"，消灭了李建成的势力，魏徵作为李建成的余党被抓获。按当时的惯例，应当把他处死并株连九族。

但李世民并没有这样做。在审问魏徵的时候，太宗问他："你为何要为李建成出谋划策，与我作对？"魏徵毫无惧色，答道："人各为其主，可惜太子不听我的劝，否则今天胜负尚未可知！"李世民见他机警刚直，是个难得的人才，便不计前仇，不仅没有治他的罪，反而任命他为谏议大夫。而魏徵也没有因为不杀之恩而对太宗阿谀奉承，只是一心一意辅佐太宗治理朝政，并尽心尽力直言进谏，经常对太宗提出意见和批评，许多意见尖锐激烈，有时甚至把太宗弄得面红耳赤，在众大臣面前下不来台。太宗虽然有时很生气，但他完全明白魏徵的批评是出于一片忠心，为了维护江山社稷的长治久安。因此太宗十分器重魏徵，并在一次酒宴上公开表扬魏徵："贞观以来，尽心于主，安国利人，犯颜正谏，匡朕之违，唯见魏徵一人。古之名臣，何以如此。"随即解下佩刀赐予魏徵。

当然，也不是所有的仇家敌将都应该招为己用，否则也就不会有那么多因用人失败而国破家亡的血腥史了。在运用"不避亲仇"的谋略时，领导者还需注意的一个问题是：在考虑所谓的"仇""敌"时，要考虑到对方是否人品出众，是否有才有能，用了他对于自己是利是弊等等。

在用人上，完全弃用仇敌固然不可取，完全信用仇敌也是不明智的，历史上有许多事例都证明，领导者不加审查，随意招降纳叛，结果招进来的所谓"人才"不但不予感激，反而尽展阴谋诡计，毁掉了自己苦心经营的事业。

可见，"外举不避仇"的用人谋略，其根本出发点就是有利于自己的事业，只要有利于事业，即使是再仇恨的人，也应以诚相待，邀其加盟，为自己的事业发挥作用。否则，即便他才能世间无双，也坚决不能吸收到自己的麾下。

选人的标准要"严"

领导者选人的标准要"严"，意思就是领导者在为企业选择人才时，对人才的能力素质要有严格的要求，不能什么人都要，萝卜白菜一把抓。

有一篇著名的寓言，说一个人惧怕锋利的剃刀，为了不使自己的脸面受伤，就用一个很钝的锉刀来刮胡须，结果，不但胡子没有刮干净，还刮得满脸是血。他最后写道："世上好多人也是用这种眼光来衡量人才的。他们不敢使用一个真正有价值的人，光搜集了一帮无用的糊涂虫。"

现代的领导者，应该从这个极富哲理的寓言中获得启迪。

日本企业在选人方面绝对可以说是费尽心机，因为他们懂得选人的要义：只有选得严格，才能用得准确，提高管理能力，从而收到预期的效果。

日本企业的员工，之所以工作起来充满激情，首先就得益于企业选人有道。日本一家拉链厂为了选派一个车间主任，厂领导先后同应聘的十余位候选人交谈，初步选中一个后，又把他放到好几个科室去分阶段试用，试用合格后才最终留下来。美国国际商用机器公司，是世界著名的高效能企业，该公司领导自称花在人事方面的精力比任何方面都多。该公司的销售代表史蒂夫说："我曾与许多大公司负责招聘的人洽谈过，但是没有一家像国际商用机器公司问得那么详细，在他们决定录用我之前，至少有十几个人和我谈过话。"可见该公司选人之严。

日本电产公司在选人时标新立异，充分显示了"严"的手段。

该公司招聘人才主要测试3个方面：自信心测试、时间观念测试和工作责任心测试。

自信心测试时，他们让应试者轮流朗读或讲演、打电话。主考官根据其声音大小、谈话风度、语言运用能力来录取。他们认为，只有说话声音洪亮、表达自如、信心百倍的人，才具有工作能力和领导能力。

时间观念测试是看谁比规定的应试时间来得早就录取谁。另外，还要进行"用餐速度考试"。如他们通知面试后选出的60名应试者在同一天到公司进行正式考试，并说公司将于12点请各位吃午饭。考试前一天，主考官先用最快的速度试吃了一碗生米饭和硬巴巴的菜，大约用5分钟吃完，于是商定10分钟内吃完的人为及格。应试者到齐后，12点整主考官向大家宣布："正式考试于1点钟在隔壁房间进行，请大家慢慢吃，不必着急。"但应试者中最快的不到3分钟就吃完了。截止到预定的10分钟，已有33人吃完饭。公司将这33人全部录取了。后来，他们大都成为公司的优秀人才。

工作责任心测试是让新招的员工先扫一年的厕所，而且打扫时不用抹布刷子，全部用双手。在这个过程中把那些不愿干或敷衍塞责的人淘汰掉，把表里如一、诚实的人留下来。从质量管理角度看，把不容易看到的地方打扫干净的人，不仅追求商品的外观和装潢，而且注意人们看不到的内部结构和细微部分，会在提高产品质量上下工夫，养成不出废品的好习惯。这是一个优秀的质量管理者应具备的美德。

日本电产公司正是采用上述奇特的招聘术获得人才，使公司生产的精密马达打入了国际市场，资本和销售额增长了几十倍，获得了巨大的成功。

对人才不能求全责备

赵国有一个人，家中鼠患成灾，于是到中山国去，讨了一只猫回来。这只猫善捕老鼠，却有个爱咬鸡的毛病。过了一段时间，家中的老鼠被捕光了，消除了鼠患，但家中的鸡也被那只猫全咬死了。

于是，儿子问父亲："为什么还不把猫赶走呢？"言外之意是说猫有功也有过。

父亲回答说："这你就不懂了。咱们家最大的祸害在于有老鼠，不在于没有鸡。有了老鼠，它们会偷吃咱们家的粮食，咬坏我们的衣服，弄坏我们房子的墙壁，毁坏我们的家具器皿，我们就得挨饿受冻，不除老鼠怎么行呢？没有鸡，最多不吃鸡肉。赶走了猫，老鼠又来为患，那为什么要赶走猫呢？"

赵国人深知猫的好处远远超过猫所造成的损害，所以不愿赶走猫。日常生活中，确实有像赵国人家的猫那样的人，他们的贡献是主要的，比起他们身上的毛病和他们所做的错事来，要大得多。如果只是盯住别人的缺点和问题不放，怎么去团结人，充分发挥人才的积极性呢？领导者在用人时也应该像这个故事中的赵国人一样，不能求全责备，世上十全十美的人才是没有的。只要一个人的长处能为我所用，其短处不会对事业产生危害，就应该大胆地使用。

某计算机公司的一位女推销员在与客户周旋时总能游刃有余，谈笑风生，可是一接触文字工作就会束手无策，头痛不已。她说："每当我看见表格、文件，比如与客户会谈的报告、费用表时，我会立刻神经紧张。"针对这种情况，公司老板不是强求她去克服缺点，而是再雇一个人来帮助她处理文字工作方面的事宜，使她能将精力全部投入到产品推销方面，她的工作绩效由此提高了一倍。

这个老板无疑是聪明的。如果对这名女推销员弃之不用，肯定是浪费了人才；如果总是强调让她改正缺点，就会让她陷入自己不想干、干不好的文字工作中，当她被自己的劣势折磨，就会直接影响到她另一特长的发挥。请一个人来协助她，只需耗资新增销售利润中的一点点，不仅经济总账上是得远大于失，而且还会获得该女推销员的感激与忠诚。

南宋戴复古说："黄金无足色，白璧有微瑕。""金无足赤，人无完人"，世界上没有十全十美的人才，人难免有短处与缺陷。面对这样的现实，领导者要如何解决，陆贽给出答案——只求能人，不求完人。他是这么说的："人之才行，自昔罕全，苟有所长，必有所短。若录长补短，则天下无不用之人；责短舍长，则天下无不弃之士。”

子思曾向卫王推荐过苟变："他的才能可率领五百辆战车。如果得到这个人，就会天下无敌。"卫王却说："我知道他是将帅之才，但是苟变在做小吏到老百姓家收赋税时，吃过人家两个鸡蛋，所以这个人不能用。"子思开导卫王说："圣明的人选用人才，就好像高明的木匠选用木材，用它可用的部分，抛开它不可用的部分。现在您处在纷争的时代，要用的是军事将领，不能因为两个鸡蛋就不用能打仗的人才啊！"卫王如梦初醒，马上拜谢说："愿意接受你的指教。"

这个故事告诉领导者，不能因为人才有缺点，就放弃使用他的大才干。鲁迅曾拿书与人才作比较："倘要完全的书，天下可读的书怕要绝灭，倘要完全的人，天下配活的人也就有限。"那些明智的领导者正是认识到了这一点，不仅会用人之长，还能容人之短，用人不求全责备。他们看重的是人的才干，而不是缺点，不会因为人才有哪一方面的缺陷就放弃使用。

求贤若渴是领导者责无旁贷的职责，但这并不是要求领导者一定要选用十全十美的人才。领导者选人应该将人才的长处短处都看得清清楚楚，只要这个人的长处能为我所用，短处不会对事业产生危害，那么，这个人就是人才，就要大胆地使用。

能力比学历重要

　　成功的企业领导者在识人用人方面从来都崇尚实才。注重实才，慧眼识英才，大胆起用人才也是领导者提高识人用人能力的重要途径。但是要想真正地做到人才为我所用，就必须树立正确的识人用人观，注重所用之人的真才实干，不慕虚名，不唯学历。在实践活动中能够真正做到这一点，企业领导者才有可能获得事业的成功。

　　不唯学历是领导者起用人才的一个重要内容。

　　文凭的性质和作用是认可一种知识和获得新知识的能力，现代社会中，许多企业老板都把严格的学历要求看作保证人才素质的重要条件。有的公司在选拔任用制度上，对学历有明文规定，甚至达到十分严格的程度。企业领导过于注重人员的学历文凭，已经成了一种十分普遍的社会现象。

　　诚然，企业领导在选择录用人才时，把学历作为一个条件是应当的，而且也是必要的。但是，如果不从实际出发，竞相制定一些高学历的规定，对学历的要求十分苛刻，甚至唯学历取人，大搞唯文凭论，则绝对选拔不出真正优秀的人才。

　　其实学历并不代表一个人真正的知识水平和实际才能，它只表示一个人可能达到的某种知识程度，可能向社会提供的劳动质量和数量，仅是对其才学程度和能力大小做出预测的一种根据。所以说有学历不等于就有能力，有文凭也不等于就有水平。无数事实说明，在没有较高学历、没有大学文凭的人中也同样存在着不少才华横溢、能力卓绝的人才，这些优秀人才的才华和能力是很多高学历者所不具备的。

世界知名的文化人陈寅恪先生、梁宗岱教授、王国维先生以及鲁迅先生等都是一些有实才而学历却不高的优秀人才。他们学历不高，但是却凭着自己的真才实学为世界文化做出了突出的贡献，在世界文化史上留下了光辉的一页。

鲁迅先生的经历很多人都知道，他以"医专"学历在北师大、厦门大学、中山大学等高校担任教授之职。他后来的文学成就与这些教职应当有所联系。学校营造的学术氛围使他的学术研究有了突破性的进展，给他奠定了深厚的、非同一般的基础。今天人们读鲁迅论文，常惊叹其犀利，而杂文写到耐读、耐时光打磨，绝非随随便便看到报纸发一段论文可及。

如果论学历，梁漱溟先生只是中学毕业，但蔡元培先生读到他的《究元决疑论》一文之后，马上请他到北京大学任教。

舒芜先生虽然"高中未毕业"，但后来却在许多所高等院校任教，并且最早接受副教授职务时，年仅22岁，这算是真正的"破格"录用。

所以企业领导者不能以文凭取人，推行学历主义。日本管理学家占部都美说："注重学历，只看时间早晚的形式主义人事工作方法最省事，不需花精力，但永远无法掌握正确识别人的能力。"企业领导者在识人用人时就应当不唯学历，而要注重真才实干。

从基层员工中识别真正的人才

有些企业的领导者，一味地埋怨自己身边没有得力的助手，殊不知本企业的基层岗位上就有可能存在一些有真正才能的人才。

松下电器公司旗下有一个"中尾纪念研究所"，它是专门为了纪念公司副董事长中尾哲二郎先生设立的。中尾哲二郎先生如果不是被颇具慧眼的松下幸之助发现并重用，很可能终其一生也只能是一个普普通通的工人。

中尾先生进入松下电器公司时，日本正值关东大地震的复苏时期。起初，中尾先生在一家工厂干活，该厂厂长龟田先生一直没有重用他。

一天，松下幸之助到工厂参观，看到一名矮个子工人正勤奋地工作，操作机器相当熟练。

"你什么时候开始在这里做事的？"松下先生问道。

"差不多有 10 个月了。"矮个子工人回答。

松下幸之助看到这个年轻人热忱而勤勉地工作，心里十分感动。不久，当他再次与龟田先生见面时，就特意称赞了那个矮个子工人。

龟田先生却不屑地说："他这个人，话最多，连我说的话，他都不放在心上，有时甚至和我争吵，这种人只怕没有真才实学。"

松下幸之助莞尔一笑。

"这样吧，"松下说，"既然你不太欣赏他，不如让我带走，我想你也会很乐意的。"

这名工人就是中尾哲二郎。后来，他被松下幸之助委以重任。

当时如果不是松下幸之助发现并把中尾哲二郎带走，中尾哲二郎也许将一直被埋没。

人才就是企业发展壮大的根本。现代企业更需要那些有创造性且能独立思考的人才，但是这样的人才往往因在重要问题上坚持己见，甚至不惜与领导一辩高低而不被某些自视甚高的领导欣赏，无奈地被埋没在基层。

某无缝钢管厂有一位青年工程师，他既有学识，又有工作经验；既肯干，又能干，但有些人说他骄傲犯上，不听话。只因他在工作中顶撞过不少领导，包括厂长。但厂长是一位心胸宽广的领导者，在经过认真分析后，他认为这位青年工程师很有主见，于是力排众议，任命他为车间主任。更大的平台让这位青年工程师充分发挥长处，带领车间工人为企业做出了贡献。后来厂长总结道："不能用那种听话，但没有本事的'绵羊干部'，而要用有本事、敢登高山的'山羊干部'。"

只有大度的领导，才能心平气和地听取下属的意见，并加以分析，采纳其中合理的成分。面对不能容忍优异人才的中层领导者或消极对待部属的部门领导，高阶层的领导者就要具备慧眼识人才的本领，给人才创造条件，让他们有充分发挥自己才能的机会，为企业创造更大的效益。

第三章

知人善用，用人之长避人之短

请合适的人上车，不合适的人下车

"如果你有智慧，请你拿出来；如果你缺少智慧，请你流汗；如果你既缺少智慧，又不愿意流汗，请你离开！"这是蒙牛集团始终坚持的一种用人观，也是任何一个企业都在追求的一种用人观。毕竟任何一家企业，需要的员工都是要能创造效益的有价值的员工。

企业要发展，就必须提高自身的竞争能力，而团队职业化的高低直接影响竞争能力的强弱，团队的整体职业素质是制约团队发展、团队业绩提升的瓶颈。要想突破这个瓶颈，就要确保每一个员工的素质都要达到一定的水平。这就要求企业从一开始就要做好员工的选拔工作。

有一群虫子在草地上开联谊会，它们一边儿兴奋地聊着天，一边儿开心地吃着可口美味的食物。不多久，就把准备好的汽水喝了个精光。

聊了很久，大家口渴难耐，于是就商量要派一个代表跑腿帮大家买汽水，而卖汽水的地方离这里有一段很长的路程，小虫子们认为要解决口干舌燥的急事，就一定要找到一位跑得特别快的代表，才能胜任这样的任务。

大伙你一言我一语，终于一致推选蜈蚣为代表，因为它们认为蜈蚣的脚特别多，跑起路来，一定像旋风那么快。

蜈蚣在所有小虫子们的期待下，起身出发为大家买汽水，小虫子们则放心地继续嬉闹欢笑，一时忘记了口渴。

过了好久，大家东张西望，焦急地想蜈蚣怎么还没回来。情急之下，螳螂跑去了解究竟发生了什么事。它一推开门，才发现蜈蚣还蹲在门口辛苦地穿鞋呢！

有的领导者往往会根据外表来判断一个人的能力或人格，然而，看走眼的概率是相当高的。毕竟，一个人的能力或人品实在无法单凭外表来评判。此外，人们也常常产生先入为主的偏见，以为只要腿长或脚多，就一定跑得快。然而像故事中的蜈蚣一样，虽然脚多，却不见得跑得快。所以，客观地评价一个人的优缺点对于选择人才是很有必要的。尤其对人事主管而言，在招聘或任用时，更应站在不偏不倚的角度，去除个人的偏见，甚至发展或建立一套客观的评估标准来选择合适的人才，才不会造成人力资源的虚耗。

在选拔人才时只将合适的人请上车还不够，还要定期将不适合企业的人请下车。老鹰是所有鸟类中最强壮的种群，根据动物学家所做的研究，这可能与老鹰的喂食习惯有关。

老鹰一次孵出四五只小鹰，由于它们的巢穴很高，所以猎捕回来的食物一次只能喂食一只小鹰，而老鹰的喂食方式并不是依平等的原则，而是哪一只小鹰抢得凶就给谁吃。在此情况下，瘦弱的小鹰吃不到食物都死了，最凶狠的存活下来，代代相传，老鹰一族愈来愈强壮。

这个故事告诉我们：适者生存，组织如果没有适当的淘汰制度，常会因为一些小仁小义而耽误了进化，在竞争的环境中将会遭到自然淘汰。

一般而言，企业里往往有四种人：

第一种是为国家创造财富、为企业增加积累的人；

第二种是不思进取但求无过的人；

第三种是赚钱买花戴的人；

第四种是能力低、要求多的人。

对于第一种人，领导者应该积极鼓励；对于第二种人，领导者要维稳；对于第三、四种人，领导者则有必要进行教育。

然而，如果教育之后，他们仍旧是停滞不前，不思进取，那就应该采取果断措施——辞退。企业里的人才要有进有出，绝不能像死水一潭，要让员工有危机感，坚信人无压力，便无动力。

知人善任的能力不可少

人才是企业永恒的资本和决定因素，优秀的领导者要具有一双"慧眼"，善识人才，善用人才，识人准确，用人恰当，辨其贤愚，端其良莠，让藏龙腾飞，卧虎猛跃。在激烈的企业竞争中，只有知人善任才能战无不胜。

"知人"是"善任"的前提条件，用好人才，必须首先做到"知人"。所谓"知人"，不仅应"知"人才的长处和短处，而且要"知"人才的过去和现在，更要"知"人才的将来。例如，有的人雄才大略，既有战略眼光，又有组织才能，可以放在决策部门担任领导工作；有的人思想活跃，知识面广，综合能力强，既有真知灼见，又能秉公直言，可以担任智囊参谋部的工作；有的人铁面无私，耿直公正，执法如山，联系群众，可以从事监察工作；有的人社交能力强，适合采购、推销部门；有的人语言表达能力强，适宜放在宣传教育部门。

所谓"善任"，就是选拔人才加以任用时，领导者要善于发挥人才的长处，克服其短处。善于调动人才的积极性，从各方面为人才才能的充分发挥创造条件。企业用人最忌讳勉为其难。人有共性，也有个性，每个人既有与其他人相同的地方，也有其独特的地方。如果领导者能用人所长，那么他就能大显身手，而如果领导者用人所短，勉为其难，那实在是不明智之举。

美国前总统罗斯福就是一个知人善任的总统，他于1933年上台以后，就雷厉风行地推行大规模的改良政策——"新政"，缓解了美国的经济危机，使美国经济走出困境。

在实施新政过程中，罗斯福针对当时美国严峻的形势，并不以政见取人，只要是有助于恢复经济，无论是持有新思想、新主张的还是具有正统思想的，他都一概将他们吸收到内阁里，从而大大提高了政府的综合决策能力。

罗斯福组织内阁，对内阁成员的任命虽然不拘一格，可是他任命的内阁成员在工作中都发挥了不可估量的作用。最有影响的一个是预算局长道格拉斯，他协助罗斯福实行节约政策，做出了非常出色的成绩，以致罗斯福在就职一个月后就称他为"政府发现的用途很广的最大宝物"。因为道格拉斯把钱袋的绳子抓得很紧，很快他就获得了"决一死战的预算平衡家"这一美名。

值得一提的是，罗斯福的用人智慧完全是建立在"知人"的基础上的。然而现代企业中存在一种误区，一些领导为了显示自己对人才的重视，一开始就授予这些人很大的权力，并给予很高的福利待遇。

尽管这些领导者顺利地留下了人才，但是其带来的消极作用也非常明显：首先，很多人来到企业并不是真的做事，而是看中企业在招聘时开出的职位或待遇，缺乏对企业的认同感；其次，享受这些优待的人才会产生一种莫名的优越感，从而会形成一种不正常的心态，不利于形成踏实的工作作风；再次，其他下属并不一定买他的账，从而不利于人才权威的树立和企业共同理念的形成；最后，由于缺乏经验或者对企业实际的了解，这些人才难免会出现工作上的失误，通常这些工作失误对他们来说是毁灭性的，因为这会使得企业对他们的期望值下降。

因此，企业领导者若想发挥人才真正的潜能，就必须向罗斯福学习，做到"知人善任"。一个领导者是否做到"知人善任"，可以从以下几个方面进行判断：

（1）任用此人是否符合人尽其才的原则，其担子是轻了还是重了？

（2）任用此人是发挥了其长处还是限制了其长处？

（3）任用此人是否符合人才群体结构和理论的要求？

（4）任用此人对面前的工作困难，有没有力量克服？困难来自何方？

（5）此人能否在工作岗位上有所建树？发展趋势如何？

通过对以上问题的反思，领导者可以自我检验"知人善任"的程度，或者可以发现自己过去用人不当之处。

领导者只有充分做好人才的知人善任工作，才能发挥人才的潜能，为企业发展贡献一分力量。否则，就会阻碍企业的发展。

掌握方与圆的用人智慧

在企业中，领导要掌握方与圆的智慧。"方"指用人的原则性，包括用人的规范和范围，是用人的内在要求。"圆"指用人的灵活性，包括用人的技艺和策略，是用人的艺术形式。方与圆的智慧其实就是"方"与"圆"的辩证统一，也就是原则性与灵活性的有机结合。过于求"方"，可能有"迂腐"之嫌，会导致下级和员工敬而远之；过于求"圆"，则会有"圆滑"之嫌。出现这样的结果，都是管理者没有掌握方与圆智慧的缘故，没有通过运用方与圆的智慧发挥人才的最大效益，是领导不称职的表现。

如果你想成为一名称职的领导，就必须做到"方"与"圆"

的辩证统一。那究竟如何做到方与圆的统一呢？就是在管理过程中要方中有圆，圆中有方，方圆相济，方圆适应。具体地说，有以下几个方面：

1. 开局需先圆后方

开局即领导者刚刚走马上任之时。俗话说，"新官上任三把火"，作为领导者，就一定要把这"三把火"烧出艺术来，不能烧得太急。因为这时即使自己有不少的抱负，由于对新环境不熟悉，要经过一段时间的摸索才能逐渐进入角色，才能把自己的抱负付诸实施。三把火烧好了，有利于领导者以后顺利打开工作局面。开局用人艺术应该是先圆后方，首先着眼于人际沟通，与上级的沟通，与同级的沟通，与下属的沟通。着力于调查研究，增进相互了解，逐步在领导活动中扩大用人权的使用范围，由圆而方。

2. 进局需外圆内方

进局是指开局过后，新的领导者要改变或发展前任领导留下的局面，形成自己用人风格的领导过程。这时的用人艺术是：在继承和模仿中融入己见，在容忍中纠错。对于前任领导的用人弊端既要有宽宏的肚量，又不能为求稳定而遵循守旧；对前任领导的成功用人之道，要继承和发扬，通过兴利除弊来形成自己的用人之道，这就叫作外圆内方。

3. 中局需人方我圆

中局是指进局过后，领导者可以而且应该站在源头，以开拓和创新的用人气概做出自己贡献的时期。这个时期领导者要

管人要稳　管事要准

讲究人方我圆的用人艺术。这种用人艺术的关键之处在于充分调动人的积极性，也就是我们常说的用干部出主意。主意出得好，用人用得好，就可以让别人按照自己的意图主动去开拓创新，领导者只需适当介入，着重从旁观察、背后支持和当面制约，并不断地探索，不断地总结经验。

4. 定局需上圆下方

定局是指领导者形成自己相对稳定的领导格局的状态。在这种状态下总体上代谢减弱，以维护自己的领导格局与开拓兼顾为宜。这一时期，领导者对上级的工作意图要彻底掌握，不能完全自行其是，应该把自己在用人方面的开拓与创新也纳入上级领导的范畴之中，做到原则性与灵活性相统一，这就是"上圆"。所谓"下方"，是指领导者在这一时期用人必须坚持原则，排除各种制约因素，只要自己认准了的，就应当坚持到底，而不应畏缩不前。

5. 选才需腹圆背方

所谓"腹圆"，是指领导者在用人时应该有开放的心态和容才的海量，善于接纳各种类型的人才，知人善任，不要怕他们"分权"。所谓"背方"，是指领导用人时要坚持标准，严格要求，公道正派，切不可任人唯亲。

6. 立威需近圆远方

领导者通过一系列手段建立自己的威信叫作立威。对领导而言，至少需要立两种"威"：一是在企业中的威信，二是在行业中的威信。前者可使领导有效地实现领导目的，后者能使领导者及其单位在社会上树立良好形象，吸引各种人才的关注与兴趣。领导者立威艺术在于近圆远方。

所谓"近圆"，是指领导者在企业内部要充分尊重各类人才，善于听取他们的意见，尊重他们的意愿，多为他们排忧解难，多为他们办好事、办实事。所谓"远方"，是指领导者在参与各种外界活动的过程中，要坚持站在本企业的立场上代表本企业的利益，这"方"是维护本单位以及本企业人才的合法权益，而不能用损害他们的利益来换取别人的好感。

7. 激励需形圆神方

激励的目的在于调动人的积极因素，团结和谐，形成群体合力。所谓"形圆"，是指激励时要注意手段和方法，并加以灵活应用。所谓"神方"，是指激励必须坚持正确的原则，即针对不同需要，注重工作和人才本身，努力做到公正、公平。

8. 处事需方圆兼顾

企业是一个复杂的群体，人与人之间的各种争端和矛盾不可避免。领导者在处理争端和矛盾时一定要做到方圆兼顾，既要通情达理，又要合情合理，不能失之偏颇。只有方圆兼顾，才能公正；只有公正，才能平衡，才能减少人才的内耗与矛盾。

9. 协调需小圆大方

沟通协调，是领导者处理人才之间相互关系常用的方式，它的艺术在于小圆大方。所谓小圆大方，即在整体和方向上坚持原则，在细节与局部上宽宏大量。领导者要把握好原则与细节、整体与局部的关系：其一，求大同存小异，求"大方"而可"小圆"。其二，善于"委曲求全"，增加人才之间的相互依赖与信任。

10. 建立领导模式需表圆本方

"表圆"旨在保住新用人模式的认同基础，以免格格不入；"本方"旨在继承中发挥自己的优势，形成自己的独特风格，把人才对前任领导的认同慢慢转移到自己身上来。

疑人不用，用人不疑

"疑人不用，用人不疑"的核心就是"信任"。作为一个合格的领导者，具备这样的用人之道，毫无疑问是其最基本的素质之一。但是，在具体运作的时候，很多人会觉得真正做到这一点是十分困难的。

与员工建立良好的信任关系，是领导者试图达到的一种理想的用人状态。所谓"疑人不用，用人不疑"，讲的就是这个道理。问题的关键是：你如何在用权的时候赢得下属的信任，或者如何使下属对你的权力支配心甘情愿呢？一些领导者之所以紧抓住权力，其中一个重要的原因就是不信任下属，怕下属把事情办砸了。因此，领导者放权的一个前提就是信任下属。没有信任，上下级之间很难沟通，很难把一件事处理好，领导用起人来，就很困难，甚至受到阻碍。

信任下属——要做到这一点，必须用人不疑，疑人不用。这就是说，必须是在可以信任的基础上用人，否则可以坚决弃而不用。因为没有信任感地用人，即使委以重任，也形同虚设，起不到应该起的作用。"疑人"是必要的，但不是"用人"的前提。假如一个员工某些方面存在严重不足，已经属于"疑人"范围，要么弃而不用，要么等到条件成熟后再用，不必非要冒险，这是常识。

日本人曾盛誉松下公司创始人松下幸之助为"用人魔鬼"。他在用人方面，就很有手腕。

松下幸之助是一位在日本企业界，乃至全世界的企业家中大名鼎鼎的人物，被誉为日本的"经营之神"。在日本现代企业经营史上，获得成功的大小企业家数不胜数，但只有松下幸之助一人被誉为"经营之神"。之所以如此，是因为他不仅是一个白手起家的成功者，而且是一个优秀的企业经营思想家。

松下幸之助的成功，与他的用人之道分不开。松下幸之助可以称得上是用人不疑，疑人不用的企业家的典范。他的秘诀之一，就是充分相信自己的下属，最大限度地调动他们的工作热情和积极性。

在松下幸之助还只是个 20 岁的小伙子时，对人的理解就已经达到了相当高的水准。当时日本流行一种用沥青、石棉和石灰等构成的烧制材料。为了维护各自的利益，一般的企业都把这种烧制材料的制作配方作为企业的秘密严加保护，除了亲属绝不外泄。

但是，年轻的松下幸之助却一反常规，他不仅不对自己的员工保守秘密，而且还毫不犹豫地将技术传授给刚招进厂的新职工。有些人很为他担心，松下幸之助却不以为然地说："只要说明原委，新职工是不会轻易背信弃义随便向外泄露秘密的。重要的是相互信任，否则不仅事业得不到发展，也无法造就出人才。"结果，他的工厂不仅没有发生泄密的事情，而且还收到了良好的效果，职工因受到信赖而心情舒畅，生产热情十分高涨。

这件事也让松下幸之助初次尝到了用人不疑的甜头。后来松下幸之助为了扩大市场，需要在西海岸的金泽市开办一家营业所，推销产品，为此必须派出一名主任领导这项工作。在营业所主任的人选上，他看中了一名初中毕业参加工作才两年的年轻人。别人认为这个小伙子没有经验，资历也不够，但松下幸之助坚持己见，破格提拔他为主任。

松下幸之助对这个年轻人说了这样一段话："你已经20岁了，这个年龄在古代已是武士到阵前取回敌方大将首级的年龄了。你也有了两年的工作经验，一定可以胜任这个职位。至于做生意的方法，你认为怎样做对，你就怎样去做。你一定会干好的，你要相信自己。"

结果，这个年轻人因为松下幸之助的充分信任而激动万分。他信心十足地率领他的两个学徒在新的地点拼命工作，不仅很快打开了局面，而且获得了极大的成功。

这件事一直是松下幸之助最为自豪的往事。松下幸之助从这件事得出了这样的结论："人只要有了自觉性和责任心，就有力量去完成乍看起来好像不可能完成的困难任务。"

松下幸之助的用人之道至今在日本的企业界被到处传诵

着。他的成功，除了具有胆识和魄力以外，还主要源于他对人的了解。只有充分了解各种各样的人，才有可能从中发现人才，并将其放到能发挥作用的地方，合理使用人才。银行界大亨摩根把他无数的钱财，全部交给属下分别掌管，这并非是他不重视这些钱财，而是他相信他的属下有能力管理这些钱财。当然，摩根的信任决非盲目，他先将小的责任交给手下人，待手下人陆续用事实证明自己确实可信任时，再委以重任。

可见企业领导者最好的用人办法是给员工充分的信任和鼓励，大胆起用人才，做到疑人不用，用人不疑。

关键岗位敢用外人

企业除了要最大限度开发利用好自身的人力资源外，还要善于利用外部的人力资源。借助他人为自己谋利，善于借用他人的力量为自己的企业创造财富。"好风凭借力，送我上青云"，借助他人之力能促进企业少投入多产出，飞速发展，走向辉煌。尤其在一些关键岗位上，敢用外人，更能体现出领导者的胸怀和魄力。

1. 领导者要善于发挥智囊团的作用

现代社会纷繁复杂，政治、经济、文化各个巨大系统，纵横交织在一起，而现代科学技术和生产力的飞跃发展，又使社会中的各个系统，都处在不断变化之中。面对如此复杂且不断变化的社会，任何高明的领导者，都不可能单靠一己之力做成大事。他还必须借用他人的力量，即发挥智囊人物或团体的决策参谋作用。而智囊人物往往担任企业的关键岗位，领导者要敢用外人才能有助于获得更多更好的建议，利于企业的发展。

在现代企业，决策具备"断""谋"分家的特点。"断"是领导者的决策，"谋"则是指专门智囊人物或团体想出的各种方案。在领导者决策之前，智囊团积极地发挥作用，为领导者提供各种信息资料，拟定各种可供选择的方案。然后领导者再查看每种方案，做出最后决策。可以说，现代企业领导者的决策正是智囊团"谋"的结晶。因此，任何一位高明的领导者都必须充分认识智囊团的功能，并积极发挥其作用。

2. 尊重贤士，视其为知己

智囊人员并不是在任何时候都表现得很高明，也不是处处比领导者厉害，领导者绝不是事事必须听他们的意见，但是，智囊人员的确是学有专长，在某些方面比领导者了解得更多更透彻。富有才华的领导者也不可能处处高明，只有借用智囊人员的高明之处，才能真正做到决策中万无一失。因此，领导者切忌刚愎自用，端着架子指使别人，而应该虚怀若谷，恭以待人。只有这样，善于借用外脑，才能算得上是真正高明的领导者。

3. 不设任何限制，任其自主

领导者不应以任何形式把自己的主观意志强加给智囊人员，而只需积极地为他们创造一个独立进行工作的环境。领导者必须尊重他们工作的独立性，不干涉他们的工作，让他们通过研究得出他们自己认为是科学的结论。这样才能真正让智囊团发挥作用。

4. 兼听百家，决策自主

领导者要有"兼听"的胸怀，应认真借助咨询机构的力量，但是又不能被智囊人员的意见所左右。毕竟最终做出决策的还是领导者本人。

俗话说："一个篱笆三个桩，一个好汉三个帮。"一个人再怎么聪明，再怎么能干，终究不过是一个人而已。

作为领导者，最大限度地发挥多数人的主观能动作用，比起只相信自己，只靠自己劳神苦思的孤家寡人策略要高明得多。

善于用人之长，避人之短

《淮南子·道应训》中有记载：

楚将子发非常喜欢结交有一技之长的人，并把他们招揽到麾下。当时有一个其貌不扬、号称"神偷"的人，子发对此人也是非常尊敬，待为上宾。有一次，齐国进犯楚国，子发率军迎敌。由于齐军强大，三次交战，楚军三次败北。正当子发一筹莫展的时候，那位其貌不扬的"神偷"主动请战。当天夜里，在夜幕的掩护下，"神偷"将齐军主帅的帷帐偷了回来。第二天，子发派使者将帷帐送还给齐军主帅，并对他说："我们出去打柴的士兵捡到您的帷帐，特地赶来奉还。"那天晚上，"神偷"又将齐军主帅的枕头偷来，然后又于次日由子发派人送还。第三天晚上，"神偷"又将齐军主帅头上的发簪子偷来，次日，子发照样派人送还。齐军士兵听说此事，甚为恐惧，主帅惊骇地对手下们说："如果再不撤退，恐怕子发要派人来取我的人头了。"于是，齐军不战而退。

一个企业需要的人才是多种多样的，同时，每个人也只能够在某一方面或某几个方面比较出色，不可能在各个方面都非常出色。高明的领导者在用人时，不会盯住人才的缺点，而是发现人才的长处，让他的某方面特长能为团队的事业做出贡献。

明成祖朱棣是一位很有作为的皇帝。他当皇帝二十多年，摸索出了"君子与小人"的一套用人经验。有一次，他和内阁辅臣聊天时谈到用人，对现任的六部大臣逐一评价，说了一句："某某是君子中的君子，某某是小人中的小人。"这两个人当时一个是吏部尚书，一个是户部尚书。

用"君子中的君子"我们很容易理解，举国上下那么多人，为什么朱棣还要让一位"小人中的小人"担任那么重要的职位呢？这正是朱棣用人高明的地方：让"君子中的君子"做吏部尚书，不会结党营私，把自己的门生、亲戚和朋友全部安排到重要岗位上，而是以国家利益为重，为国家、朝廷选拔人才；而"小人中的小人"做户部尚书，能为了把财税收起来不择手段。朱棣每年的军费开支非常大，正常的财政收入根本无法应付，除了常规的赋税外，每年还必须要有大量的额外收入来支撑军费。所以他必须找一个会给他搞钱的"小人"。

有人说：没有平庸的下属，只有平庸的领导。每个人都是长与短的统一体，任何人只能在某一领域是人才，一旦离开他精通的领域，人才就会变成庸才。因此领导者在用人时，只能是择其长者而用之，恕其短者而避之。任何人的长处，大都有其固有的条件和适用范围。长，只是在特定领域里的"长"，如果不顾条件和范围，随意安排，长处就可能变成短处。

有一位颇具盛名的女园艺工程师，专业上很有造诣。不料被上司选中，一下子提为某局局长。结果，女工程师的业务用不上了，对局长的工作呢，既不擅长，又不乐意干，两头受损失，精神很苦恼。这就叫作"舍长就短"。举人者也是出于好心，想重用人才，但由于不懂用人的"长短之道"，反而浪费了人才，造成了新的外行。

领导者应以每个下属的专长为思考点，安排适当的位置，并依照下属的优缺点，作机动性调整，让团队发挥最大的效能。最糟糕的领导就是漠视下属的短处，随意任用，结果总是使下属不能克服短处而恣意妄为。一个成功的领导者，在带领成员时，并不是不知道人有短处，而是知道他的最大任务在于发挥他人的长处。

然而，如果一个人的短处足以妨碍其长处的发挥，或者妨碍到团队组织的纪律、正常运作与发展时，那么领导者就不能视而不见，而且必须严正地处理了。尤其是在品德操守方面，正所谓：人的品德与正直，其本身并不一定能成就什么，但是一个人在品德与正直方面如果有缺点，则足以败事。所以，领导者要容忍短处，但也要设定判断及处理的准则。

敢于用比自己强的人

敢不敢用比自己强的人？这恐怕是领导者在用人中对自己最大的考验。

"他都比我强了，那别的员工眼里，他是老板还是我是老板"？

有些领导者认为：（1）别人比他强就意味着自己不称职，同时意味着会在员工心目中丧失威信，而后就做不了老板。（2）员工中有比自己强的人，那他一定会对自己的位置虎视眈眈，总想取而代之，不能养虎为患。（3）有能力的人或多或少都是有野心的，明知等他们强大后会自立门户，为何却还要给他营造个发展的机会，多个强劲的对手呢？（4）在企业，我称老二就不能有人敢称老大……

在这类心态的支配下，领导者往往就希望别人无限放大他的才能，而他自己却无限缩小别人的才能。当员工工作取得比领导者好的成绩，获得更多的支持时，领导者就会觉得他们是在树立自己的威信并且威胁到他的领导权。领导者在这种心态支配下，势必会严重挫伤这些员工的积极性。

其实，一个优秀的领导者，想获得成功，不是要处心积虑地去压制属下，而是要想方设法雇用比自己优秀的人，并且让他们受到重用，让这些比自己更优秀的人效忠于己。

全球零售巨头沃尔玛的总裁李·斯科特，就是一位敢于聘用比自己更优秀的员工的领导者。

1995年，斯科特雇用了一个员工迈克·杜克负责物流工作，向自己汇报。到现在，迈克已经是沃尔玛的副主席了。

当时迈克被提升接管物流部门的同时，斯科特自己也升职了。那一天他正在法国，忽然收到了一封传真，调任他做新的销售部总经理。

这让斯科特有点吃惊，之前他一直负责物流和仓储运输，从来没有从买方的角度来工作。于是他问老板为什么要自己来负责全球最大零售商的销售，得到的答案是：因为斯科特可以找到一个雇员，做得比自己还好。即使斯科特把销售部搞得一团糟的时候，至少还有迈克可以让物流部保持原样。

正因此，斯科特一直认为是因为他雇用了比自己更强的人，他才能够走到今天这一步。

凡是想要成大事的人，都应该像斯科特一样，能把比自己强的人招揽到自己旗下，并诚心相待。

美国的钢铁大王卡内基的墓碑上刻着："一位知道选用比他本人能力更强的人来为他工作的人安息在这里。"卡内基的成功在于善用比自己强的人。在知识经济时代，领导者就更需要有敢于和善于使用比自己强的人才的胆量和能力。

领导者要想成功，除了敢用比自己强的人外，还要做到以下三点：

（1）领导者要具备足够的胆量。因为，任用比自己强的人，往往会产生一种"珠玉在侧，觉我形秽"的危机感。作为一名领导，要想用比自己强的人，就必须有胆量去克服嫉贤妒能的

管人要稳　管事要准

心理。那些生怕下级比自己强，怕别人超过自己、威胁自己，并采取一切手段压制别人、抬高自己的人，永远不会成为有效的领导者。所以，领导者敢用和善用比自己强的人，一定要有足够的胆量。

（2）"强者"并不等于"完人"。优秀的人才最可贵的地方就在于他有主见，有创新能力，不随波逐流，不任人左右。真正的人才需要具备很强的创造力，能为组织带来绩效及为领导开创局面，甚至其能力超过领导者。然而，他们也并不就是完人，所以领导者还要具备容人之雅量。

（3）要允许失败。失败乃成功之母。在创造性的工作中，失败是常有的事，不能因为他们强就剥夺他们失败的权利。

领导者只有在敢用比自己强的人的基础上做到以上3点，才能真正保证企业在市场上保持持久的竞争力，获得成功。

第四章

合理授权，使下属的能量充分发挥

信任是授权不可动摇的根基

领导者之所以授予某人权力，是因为领导者信任他，授权是信任的结果，而一旦授权，就要信任员工，所以，信任又是授权的开始，授权最主要的是信任，"用人不疑，疑人不用"。没有信任，就不能授权；缺乏信任，就会授权失败。

作为一名合格的领导者，信任和激励下属并不是一件难事，但是有相当多失败的领导者对授权不知所措，甚至怀疑员工的工作能力。

许多领导者不信任员工的能力，担心员工没有完全自由运用权力和制定正确决策的能力，觉得与其授权，还不如亲自解决。的确，一些公司现有的员工队伍，由于绝大部分人员是从先前的其他岗位转变而来，确实存在一些人能力偏低的现象，但是，每个人的能力都是在工作实践中锻炼出来的，没有哪个人的能力是与生俱来的，包括领导者本人。

还有一些领导者，担心员工出错。这种担心是正常的，因为不少员工没有经验或者能力欠佳。领导者一定要允许员工犯错误，如果不允许犯错误，实际上也不会有什么授权。举个例子，你去学开车，教练要给你充分授权，否则你就学不会开车。实际上，教练担心你开不好车，怕你出车祸，但同时，教练又不得不授权给你做，要不然你永远都开不了车。那么，教练怎样教你才对？如果教练发现你在转弯时使用方向盘出错，只要你不发生车祸，教练就应该等你转了弯以后再跟你说做错了，教练必须给你犯错误的机会。如果你每一次做得都不好，教练就骂你，这样做不但不能让你学得更快，反而使你更加紧张，出更多错，甚至使你丧失继续开车的勇气。所以，领导者在进行授权时，首先应当建立这样一种信念：错误是授权的一部分。也就是说，要让员工百分之百地按照领导者的意图来完成工作是不大可能的，员工在完成任务的过程中出现一些错误是正常的。

领导者授权给员工必须对其信任，信任是成功授权的关键，也是成功的领导者一个不可或缺的重要内容。

有关资料显示，世界 500 强企业中有 99% 的企业非常重视员工的忠诚度，特别是他们的领导者授权给他们时，着重强调每一位领导者必须信任他们的员工。

如果你是一名优秀的领导者，特别是你授权给下属的时候，一定要信任他们，因为信任是授权成功的重要因素。

信任，是惠普成功的一个不可或缺的因素。领导者们深知，对员工的信任能够让员工愿意担负更多的责任，从而能充分发扬公司的团队合作精神。要完成公司的目标，就必须得到公司各层员工的理解和支持，相信他们，允许他们在致力于自己或公司目标的实现中有充分的灵活性，从而帮助公司制订出最适于其运作和组织的行事方式和计划。

在惠普，存放电气和机械零件的实验室备品库是全面开放的。这种全面开放不仅允许工程师在工作中任意取用，而且实际上还鼓励他们拿回家供个人使用。惠普认为，不管工程师们拿这些零件做的事是否与其工作有关，总之只要他们摆弄这些玩意儿就总能学到点东西。

授权给员工的前提是信任。信任是授权的根基。只有充分信任，才能合理授权，否则授权会失去意义。

授权也应因人而异

大多数领导者的下属并不是个个都很出色。团队中总有这样或那样的员工令人不太满意。如果领导者能根据每个人的特点及你的战略思路对所有员工都适当授权，不仅可大大提高领导者的工作效率，克服总是使用"得力"下属所带来的负面影响，还可以化腐朽为神奇，促进团队作风的形成，减少内耗，使整个团队的工作事半功倍。

从理论上讲，一个较为完善的组织里，应由哪些人接受授权，是应该早已确定的，是遵循一定规则的。作为领导者，如果偏离了这一规则，而又无足够的理由，就可能伤害一些下属的感情。

领导者确定授权人选时，有两类人是最重要的，这两类也常常被领导者认为是"得力人选"。

一类是"法定"代理人。这类人不一定能力最强，但地位或资历一定是仅次于领导的，一旦领导者不在，他就理当成为维持局面的角色。可以向这类人分配的工作，应以荣誉性、充数性、维持性的工作为主，比如：出席一些二流会议，接待一些不那么重要却非见不可的来访，在领导者外出时（哪怕是极其短暂的时间）为领导者看看"摊子"等等。

另一类是潜在"接班人"。他们不一定是代理人，但却极具资质和潜力。可让他们参与并为你分担一些重要工作的预案准备、前期铺垫及后期扫尾工作，更成熟时，可独立、半独立地从事一些较重要的项目。从组织学角度来看，潜在接班人的最佳人数应为两人，以起到竞争和"备份"的作用。

上面这两种人物是最重要的人，他们只占组织中的一少部分。除此以外，在组织中，都或多或少地存在着下面这几类人物：

1."孙悟空式"的人物

这类员工的特点是有能力，但狂妄自大、不太听话。对这种情况，彼得·德鲁克说过："一个有成效的管理者应该懂得，员工得到薪酬是因为他能够完成工作而非能够取悦上级……一个完美无缺的人，实际上不过是个二流人才。才干越高的人，其缺点往往也越显著。"对这类员工，领导者首先要多多委以重任（如重要项目策划等），经常鼓励并与之沟通；但一旦犯了错误，应该严厉批评，不批则已，一批批透，但同时也要给他留些余地和面子，一般不要当众批评。

2."猪八戒式"的人物

这类员工的特点是有一定的业务能力，但"成事不足，败事有余，毫不利人，专门利己"，而且经常"嫉贤妒能，煽风点火"。对这类员工，领导者依然可委以一些较为重要的工作，但必须与之绝对讲明将要进行检查的地方，并加强监督和批评；如有可能，应列出尽可能详细的项目检查要点清单，定期或突袭按项检查；也可考虑派"孙悟空式"人物从侧面代为监督，但仅限向领导打"小报告"，而不宜他直接介入其事。

3."沙僧式"的人物

沙僧的特点是踏实加令人无奈的平庸，缺乏自信。可将领导者手中已做熟的"套路"类工作交给他，并每完成一项，就大加鼓励，使之逐步树立自信，再逐渐增加工作的难度。

4."马屁精"一样的人物

作为领导，光能用贤还不行，应该学会奸贤并用。当然，在组织中，这类人才不可太多，但也不可或缺，他们可助领导者与其他部门的协同能力，进而放大部门的工作效果。

5.生手

没有一个人不是从生手开始的。虽然"不把工作交给会给你添麻烦的人做"是效率上的一个重要信条，但领导者如果不对生手进行培养，他永远也成不了"熟手"。

生手的优点在于热情高、不会轻易放弃，往往能够从新的角度提出和处理问题。如能适当委派工作，是发现人才苗子的一个非常重要的途径，并有提高组织士气的功效。对于委派新手从事"你才能做的工作"，应格外予以关照，给予鼓励，给予指导并尽量明确告诉他何时何地可以得到何人的何种援助。

俗话说：一样米养百样人。领导者不可能以一副"模子"来套用所有的人；反过来说，如果真的在组织中只有一种类型人的话，那么组织就会是一潭死水，毫无生气。授权要因人而异，重在"物尽其用"上，这样大家才会为着一个共同的目标而各尽其能。

通过授权提升领导力

授权是现代领导的分身术。南希·奥斯汀说："它（授权）是人人都是企业家的现象，这能使每个人都成为经营战略信息流当中的一员，使每个人都成为主人翁。"现代社会，领导者面临政治、科技、经济、社会协调等千头万绪的工作，纵使有天大的本事，光靠自己一个人也是绝对不行的，必须依靠各级各部门的集体智慧和群体功能。这就要根据不同职务，授予下属以职权，使每个人各司其职，各负其责，各行其权，各得其利，职责权利相结合。如此一来，就能使领导者摆脱烦琐事务，以更多的时间和精力解决全局性的问题，提升领导力。所以与职务相应的权力不是领导者的恩赐，不是你愿不愿给的问题，而是搞好工作的必需。

如何更有效地发挥下属的积极性、创造性，是现代企业管理中令企业领导十分感兴趣的问题，并且，不少企业进行了卓有成效的尝试。当今巴西最负盛名的企业集团——塞氏工业集团，创造出了一种旨在最大限度地发挥员工积极性、创造性的全新管理模式。

塞氏企业是一个生产多种机械设备的大型集团。几年前，理查德·塞姆勒从父亲手中接下塞氏时，它还是个传统的企业。刚开始，塞姆勒也深信拥有纪律的高压管理能创造效益，以统治数字为武器的强干也能主导业务。但在一次生病后，塞姆勒的这种想法发生了彻底的改变。

塞姆勒先是取消公司所有的规定。因为他认为规定只会使奉命行事的人轻松愉快，却妨碍弹性应变。原本在塞氏，每位新入职的员工都会收到一本20页的小册子，重点提醒大家用自己的常识判断解决问题。

而现在，塞氏企业的员工已经可以自定生产目标，不需劳驾管理人员督促，也不要加班费。主管们也享有相当大的自主权，可以自行决定经营策略，不必担心上级会来干预他。最特别的是，员工可以无条件地决定自己的薪水。因为塞氏主动提供全国薪水调查表，让员工比较在其他公司拥有相同技术和责任的人所拿的薪水数目，塞姆勒毫不担心有人会狮子大开口。

员工们也可以自由取阅所有的账册，公司甚至和工会一同设计专门课程，教全体员工如何看各种财务报表。

每当要做真正重大的决定时，例如要不要兼并某公司等，塞氏交给公司全体员工表决权，由全公司员工的投票结果决定。

塞氏没有秘书，没有特别助理，因为塞姆勒不希望公司有任何呆板的而又没有发展的职位。全公司上上下下，包括经理在内，人人都要接待访客、收传真、拨电话。塞氏曾做过试验：将一叠文件放进作业流程，结果要3天才送进隔壁办公室对方手里，这更坚定了塞姆勒要精简组织的决心。

　　塞姆勒不像别的老板那么勤于办公。早上他多半在家里工作，因为他认为那样比较容易集中精神。他甚至还鼓励公司其他经理也像他一样在家里工作。此外，他每年至少出外旅行两个月，每次旅行都不会留下任何联络的电话号码，也不打电话回公司，给塞氏其他领导充分的职权，因为他希望塞氏的每个人都能独立工作。

　　塞氏继对组织进行变革后，也改变了部门之间的合作方式。比如某个部门不想利用另一个部门的服务，可以自由向外界购买，这种外界竞争的压力使每个人都不敢掉以轻心。塞氏还鼓励员工自行创业，并以优惠的价格出租公司的机器设备给创业的员工，然后再向这些员工开设的公司采购需要的产品。当然，这些创业的员工也可以把产品卖给别人，甚至卖给塞氏的竞争对手。

　　塞姆勒一点都不担心这样会弄垮塞氏，他说：这样做使公司反应更敏捷，也使员工真正掌握了自己的工作——伙计变成了企业家。

　　此外，塞氏还进行工作轮调制。每年他们有20%～25%的经理互相轮换。塞姆勒认为，人的天性都是闲不住的，在同一个地方待久了，难免会觉得无聊，导致生产力下降，唯一的方法就是轮调。同时由于塞氏的各项工作速度及频率都太快了，这给员工造成了相当大的压力，塞氏非常重视专业再生充电，也就是休假制。因为这可以让员工借此机会重新检讨个人的工作生涯与目标。

令人称道的是，在经济不景气、经济政策混乱的大环境中，塞氏近12年来的增长率高达600%，生产力提高近7倍，利润上升5倍。无数应届毕业生表示自己有到塞氏工作的意愿。

如果领导者对下属不放权，或放权之后又常常横加干预、指手画脚，必然造成管理混乱。一方面，下属因未获得必要的信任，便会失去积极性；另一方面，这也会使下属产生依赖心理，出了问题便找领导，领导者就会疲于奔命，误了大事。因此，企业领导者要下属担当一定的职责，就要授予相应的权力。这样有利于领导者集中精力抓大事，更有利于增强下属的责任感，充分发挥其积极性和创造性。

接受的工作越重要，员工越有干劲

对于人才培养，最重要的是委以重任。要逐渐拓宽被培养者处理工作的范围，这是促其成长的动力。

通常而言，员工都有一种强烈的欲望，希望被别人重视，想多担负一些责任。因为担负了责任，自己就有责任感，换句话说，给了某人责任与权限，他在此权限范围内就有自主性，以自己的个性从事新的工作，一旦员工尝到了在重要的工作中获得的甘果后，就能调动自身的内在潜力和干劲，迸发出更强烈的进取欲望。

所以，领导者要让所有的员工都明白，你希望他们能完成艰巨的工作任务，希望充分发挥他们的水平。

一个人的精力虽然不是无穷无尽的，但是有时候也能发挥出超越自身极限的力量来。员工在困难中的紧张感，对自己的信心，对困难工作的坚决果断，以及坚持到底的热情，不怕苦难必须成功的毅力，这一切融合在一起的时候，就会爆发出巨大的威力，做出原先想不到的成就。

如果员工认为自己的工作不重要，就会在很大程度上影响他的积极性。曾经有一个员工说："现在的工作分工越来越细，也越来越单调，如果长期如此，就会越干越没兴趣。"也有员工说："我根本不知道干这份工作有什么意义，简直太乏味了！"可见，如果员工认为自己的工作并不重要，或者对工作的重要性认识不足，那他就看不到工作的价值，也就激发不起他们工作的热情，更无从激发其潜力了。

工作的重要性有两重含义：一是在企业内部，全体员工公认这项工作是重要的；二是从整个社会来看这项工作是重要的。

在企业内部，将工作细分之后，其个人承担工作的重要性也就削弱了。领导者要善于授权，并赋予工作以重要意义，从而增强员工的荣誉感和使命感。

一位旅馆经理吩咐一位男服务生去关一间房间的窗户，在这位男服务生可能埋怨只让他做这份本该由女服务员做的简单工作之前，经理就以一种非常慎重的态度告诉他："那间房间的窗帘非常昂贵，你现在必须赶快把窗户关好，否则待会儿刮风下雨，窗帘一旦损坏，就会出现重大损失。"

这位男服务员听完之后，立即飞奔去关窗户了。

这位饭店经理的高明之处在于，他让那位男服务生认为自己负担的责任不仅仅是关窗户而已，还需要他去保护价值昂贵的窗帘。

因此，领导者有必要让对方知道他必须如此做的理由，并让对方知道他所担负的某项任务的重要性。

一个人一旦有了成就，就会产生一种满足感，为了获得更大的满足感，他就会做出更大的成就，这就是一种良性循环。

大权紧抓不放，小权及时分散

大权要揽，小权分管。就是说：身为企业领导者，应该负责企业的经营管理，掌管决策大事，保证企业沿着正确的方向发展前进；作为员工，应该按照企业制定的方针政策，在分工负责的原则下，各执其事，认真工作。

一个企业犹如一个小社会，政务、业务、事务样样都有，人事、生产、生活一应俱全，每天都有一大堆问题需要处理。面对这种情况，领导者如果事无巨细都亲自去处理，那样就会"捡了芝麻，丢了西瓜"，延误抓大事。领导者只能对那些全面性的、重要的、关键的和意外的问题去亲自处理，把其他问题交由各有关部门和人员去处理。企业无论大小，人员均应有所分工，然后按照分工各执其事，这样既责任明确，不至于误事，也可充分发挥各人的工作积极性。

有的人工作十分繁忙，可以说是"两眼一睁，忙到熄灯"，一年三百六十五天，整天忙得四脚朝天，恨不得将自己分成几块。

这种以力气解决问题的思路太落伍了。出路在于智慧，采取应变分身术：管好该管的事，放下自己不必要管的事。

授权是领导者走向成功的分身术。今天，面对经济、科技和社会协调发展的复杂局势，即使是超群的领导者，也不能独揽一切。领导者尤其是高层领导，其职能已不再是做事，而在于成事了。因此作为领导，并不意味着他什么都得管。应该大权独揽，小权分散。做到权限与权能相适应，权力与责任密切结合，奖惩要兑现，这样做有许多好处。

第一，可以把领导者从琐碎的事务中解脱出来，专门处理重大问题。

第二，可以激发员工的工作热情，增强员工的责任心，提高工作效率。

第三，可以增长员工的能力和才干，有利于培养干部。

第四，可以充分发挥员工的专长，弥补领导者自身才能的不足，也更能发挥领导者的专长。

某公司一位年轻主管负责地区分公司的工作，开始的半年里，他每天都是"日理万机""百忙之中"渐渐感到力所不及，而公司的员工们并没有如他所希望的那样，以他为榜样，勤勉、主动地工作，反而精神更显低迷。

这种情形引起了这位主管的警觉，他感到一定是自己的管理出了什么问题，才造成这样的状况，而这种情形如不及时纠正，后果将是难以设想的。

在经过一番思考后，他开始试着把要做的所有工作按重要性、难易程度排序，把各项工作分派给适合的员工去完成，自己只负责3件事，一是布置工作，告诉员工该如何去做；二是协助员工，当员工遇到自己权力之外的困难时，出面帮助员工解决困难，否则要求员工自己想办法解决；三是工作的验收，并视员工完成工作的状况给予激励或提醒。

在这样做之后，这位主管惊奇地发现，不但自己有了被"解放"的感觉，员工们也开始表现出极强的主动工作的劲头，公司业绩明显攀升。由于自己从大量的事务性工作中解脱出来，所以有充足的时间开始思考公司的发展战略。他描述自己就像一个自动化工厂的工程师，每天只是在优雅的环境里走动，视察自行高效运转的流水线可能出现的问题。

领导者遇到的事有大事、有小事，领导者要全力以赴抓大事。大事就是全面性、根本性的问题。对于大事，领导者要抓准抓好，一抓到底，绝不半途而废。记住"杀鸡不用宰牛刀，掏耳朵用不着大马勺"。

只要是做领导，无论是刚刚上任，还是已经做了很长时间，一定会面对许多事情要处理，但千万不要认为，把自己搞得狼狈不堪是最佳的选择。轻松自如的领导者善于把好钢用在刀刃上，厚积而薄发，不失为上策。

集权不如放权更有效

在现代企业中，优秀的领导者是那些有能力使他的下属信服而不是简单地控制下属的人。这就要求，想成为优秀的领导者，就必须善于分派工作，就是把一项工作托付给别人去做，下放一些权力，让别人来作些决定，或是给别人一些机会来试试像领导一样做事。

当然，有的工作并不是人人都乐意去做。这时候，领导者就该把这些任务分派一下，并且承认它们或许有些令人不快，但是无论如何这个工作也必须完成。

这种时候，领导者千万不要装得好像给了被分派这些任务的人莫大的机会一样，一旦他们发现事实并非如此，也许就会更讨厌去做这件事。想想看，这样一来，工作还能干得好吗？为什么总有些领导会觉得把工作派给别人去做是件如此困难的事情呢？下面这几点就是可能出现的原因。

（1）如果领导者把一件可以干得很好的工作分派给下属去做了，也许他达不到领导者可以达到的水平，或者效率没有领导者那么高，或者做得不如领导者那么精细。这时，求全责备的思想就会以为把工作派给别人去做，不会做得像自己做得那么好。

（2）领导者害怕自己一旦把工作交给别人做了之后，就会无事可干。所以那些手握小权的领导者，哪怕是芝麻大的事也不舍得放手让别人去干。

（3）如果让别人去做领导者自己的工作，领导者可能会担心他们做得比自己好，而最终取代自己的工作。

（4）领导者没有时间去教导别人该如何接受工作。

（5）没有可以托付工作的合适人选。

其实，如果领导者确确实实想要把工作分派下去，那上面列举的这五个问题都不会成为真正的问题。因此领导者要对付的第一件事就是自己对此事所持的推诿态度。

如果领导者确实有理由担心，因你的员工在工作上出了差错之后，领导者就会丢掉自己的工作；或者在领导者工作的地方，氛围很差，领导者担心工作不会有什么起色，这时候，领导者就有必要和自己的上司谈谈这些情况，从而在分派工作的问题上获得他的支持。

如果确实还没有可以托付工作的人选，而领导者自己又已经满负荷运转，那么，也许领导者就有必要考虑一下是不是应该再雇一个人。

当然，放权也要有个度。其中，"大权独揽，小权分散"是现代企业中实行的一项既授权，又防止权力失控的有效办法。

法国统盛·普连德公司是一个生产电子产品、家用电器、放射线和医疗方面电子仪器的大型电器工业企业。该公司属下各分公司遍布全球，为了对这个年销售额达到数十亿美元的大企业进行有效的管理，公司实行了"大权独揽，小权分散"的管理制度。

总公司紧握投资和财务方面的两大关键权力。而且公司所属的分公司，每年年底都要编制投资预算报告，并呈报总公司审核，总公司对预算报告进行仔细分析，如果发现有不当之处，就让各公司拿回去进行修改。当投资预算获得批准后，各公司都必须照办。当然，这些预算也不是不可变更的，只要在预算总额内，各分公司的主管还可以对预算内的金额进行调整。通常，分公司的经理拥有对每一个预算项目增、减10%的权力，如果数目超过10%，那就必须经过高一级的主管批准。

该公司建立了一项十分有效的管理控制员制度，对下属公司的生产，尤其是财务方面进行监督。这些管理控制员在执行任务时，都得到了总公司董事会的全力支持，他们对各公司的间接制造费用、存货和应收款等特别注意，一旦发现有任务不正常的迹象，就立即报告总公司，由总公司派人进行处理。各分公司每个月的财务报表都必须有管理控制人员签字，才能送交董事会。

我们看到，该公司在投资和财务两方面牢牢掌握住大权，但是在别的方面却实行了分权。该公司的领导者认为，大的企业，其领导者不可能事必躬亲，分权制度可以减少领导者的工作压力；即使是小企业，其领导者也不可能事无巨细，包揽每一项工作，也必须给下属分权，让下属发挥其聪明才智，为企业出谋划策，促进企业的发展。

因此，该公司的每一家分公司都自成一个利润中心，都有自己的损益报表，各事业部门的经理对其管辖的领域都享有充分的决策权，同时他们也尽量把权力授予下级，充分发挥分权制度的最佳效果。

自从实行分权管理制度后，统盛·普连德公司就成功调动了各分公司的积极性，生产蒸蒸日上，利润年年增加，获得了相当大的成功。统盛·普连德公司"大权独揽，小权分散"的成功经验，也给现代企业管理提供了很好的借鉴。公司的要害部门要直属，公司的关键大权要掌握在自己手里；其余的权力能放就放。这样，上下级就能劳逸平均，各得其所，各安其职，每个人的积极性、创造性都得到了充分的调动，同时又不至于发生权力危机。

授权要讲究策略和技巧

领导者面对的是一个个有思想的人，授权时如果不分对象、不看情势会造成领导者对权力的失控。因此，授权必须讲究策略和技巧，在对权力的一收一放之间找到运用权力的正确节奏。

1. 不充分授权

不充分授权是指领导者在向其下属分派职责的同时，赋予其部分权限。根据所给下属权限的程度大小，不充分授权又可以分为以下三种具体情况：

（1）让下属了解情况后，由领导者作最后的决定；让下属提出所有可能的行动方案，由管理者最后抉择。

（2）让下属制订详细的行动计划，由领导者审批。

（3）下属采取行动后，将行动的后果报告给领导者。

不充分授权的形式比较常见，由于它授权比较灵活，可因人、因事而采取不同的具体方式，但它要求上下级之间必须确定所采取的具体授权方式。

2.学会弹性授权

这是综合充分授权和不充分授权两种形式而成的一种混合的授权方式。一般情况下，它是根据工作的内容将下属履行职责的过程划分为若干个阶段，然后在不同的阶段采取不同的授权方式。这反映了一种动态授权的过程。这种授权形式，有较强的适应性。也就是当工作条件、内容等发生变化时，领导者可及时调整授权方式以利于工作的顺利进行。但使用这一方式，要求上下级之间要及时协调，加强联系。

3.掌握制约授权

这种授权形式是指领导者将职责和权力同时指派和委任给不同的几个下属，让下属在履行各自职责的同时形成一种相互制约的关系。如会计制度上的相互牵制原则。这种授权形式只适用于那些性质重要、容易出现疏漏的工作。如果过多地采取制约授权，则会抑制下属的积极性，不利于提高工作的效率。

4.尽量避免授权的程序错乱

一个企业即便人员不多，授权也应该注意一定的程序，否则，授权的结果只会带来负效应，在实际工作中，领导者的有效授权往往要依下列程序进行。

（1）认真选择授权对象。如前所述，选择授权对象主要包括两个方面的内容：一是选择可以授予或转移出去的那一部分权力；二是选择能接受这些权力的人员。选准授权对象是进行有效授权的前提。

（2）获得准确的反馈。领导者授意之后，只有获得下属对授意的准确反馈，才能证实其授意是明确的，并已被下属理解和接受。这种准确的反馈，主要以下属对领导授意进行必要复述的形式表现出来。

（3）放手让下属行使权力。既然已把权力授予或转移给下属了，就不应过多地干预，更不能横加指责，而应该放开手脚，让下属大胆地去行使这些权力。

（4）追踪检查。这是实现有效授权的重要环节。要通过必要的追踪检查，随时掌握下属行使职权的情况，并给予必要的指导，以避免或尽量减少工作中的某些失误。

当然，在授权时，还应注意以下四点：

（1）领导者授权时要注意激发下属的责任感和积极性。授权的目的，是要下属凭借一定的权力，发挥其作用，以实现既定的领导目标。但如果领导者有权不使或消极使用权力，就不能达到这个目的。因此必须制定奖惩措施，对下属进行激励，引入竞争机制。

（2）领导者要给下属明确的责任。要将权力与责任紧密联系起来，交代权限范围，防止下属使用权力时过头或不足。如果不规定严格的职责就授予职权，往往成为管理失当的重要原因。

（3）领导者要充分信任下属。与职务相应的权力应一次性授予，不能放半截留半截。古人云："任将不明，信将不专，制将不行，使将不能令其功者，君之过也。"领导者给职不给相应的权，实际是对所用之人的不尊重、不信任。这样，不仅使所用之人失去独立负责的责任心，严重挫伤他们的积极性，一旦有人找他们，他们就会推："这件事我决定不了，去找某领导，他说了才算。"

（4）领导者授权时要注意量体裁衣。要根据下属能力的大小，特别是潜在能力的大小来决定授职授权，恰到好处地让每个下属挑上担子快步前进，避免有的喊轻松，有的喊累死。

领导者管人是否得当，就是看授权的策略和技巧是否用到位。下属可根据所授予的职权，在实际工作中能否恰到好处地行使权力，胜任职务来判断。领导者务必慎重、认真地授权。

领导的任务不是替下属做事

一个真正的领导者，他的主要任务是作好决策，把握好做什么、哪里做、何时做、谁来做，想办法找正确的人做正确的事，激励下属去做，而不是代替下属去做。

领导者就好比一个坐在帐篷里运筹谋划的元帅或将军，而下属则好比是上阵冲杀的士兵，领导者替下属做事好比统帅跑出军营跨上战马披起盔甲代替士兵去上阵冲杀。其成绩也就可想而知了。领导者事必躬亲，大包大揽，属于"将军"的事他干了，属于"士兵"的事他也干了，吃苦受累，任劳任怨，但结果却听不到下属的一句好话，而是不绝于耳的指责与埋怨。

真是吃力不讨好。

可问题是，如果仅仅是吃力不讨好也就罢了，更严重的是，这种事必躬亲的领导者的所作所为，对组织却是有害无利。因为他的大包大揽，导致下属索性站在旁边什么也不干，大涨懒惰之风，使生产和工作效率大大降低。并且，一个人包打天下，顾此则失彼，一个不小心就会使组织陷入旋涡，无法自拔。

这样的领导者十分可悲，因为他忙忙碌碌了半天，结果什么也没有得到。更令他万万没有想到的是，他竭心尽力，日理万机，却害了自己的组织。同时，这样的领导者也十分可怜，因为谁都不会去同情他的处境。

一个高效率的领导者应该把精力集中到少数最重要的工作中去，次要的工作甚至可以完全不做。人的精力有限，只有集中精力，才可能真正有所作为，才可能出有价值的成果，所以不应被次要问题分散精力。他必须尽量放权，以腾出时间去做真正应做的工作，即组织工作和设想未来。

什么叫领导者？通俗的说法是："领导者就是自己不干事，让别人拼命干事的人。"领导者要通过别人来做具体的工作，即使领导者自己可以更好、更快地完成工作，但问题在于领导者不可能亲自去做每一件事情。如果领导者想使工作更富有成效，就必须向下属授权，让下属去做事。

领导者最主要的任务是去展望未来——而这种事情往往是不能授权给别人的。领导者的任务不是去忙于监督那些日常工作，更不是亲自去做那些琐事。放权是为了能有更多的时间去

　　　　管人要稳　管事要准

集中精力思考那些只能由自己去做的事情！就像总统只考虑重大的宏观问题一样，领导者只思考企业的大问题和未来的方向，并提出必须优先考虑的事项，制定并坚持标准。

一名领导者，不可能控制一切。领导者应该是那个协助寻找答案，但并不提供一切答案；参与解决问题，但不要求以自己为中心；运用权力，但不掌握一切；负起责任，但并不以盯人方式来管理下属的人。领导者必须使下属觉得自己跟领导一样有责任关注事情的进展。把管理当作责任而不是地位和特权才是领导者能够进行真正的、有效授权的基本保证。

那些凡事事必躬亲的领导者往往会有这样的想法：他们应该主动深入到工作当中去，而不应该坐等问题的发生；或者他们应当让下属们感觉到自己不是一个爱摆架子或者高高在上的领导。这些想法确实值得肯定，而且领导者也的确应该适当干些有益赢得人心的杂活，但这毕竟是提升自身形象的一种手段，而不是让领导者什么事都亲力亲为，因为走向了这一极端不仅没有任何好处，还会让领导者付出很大的代价。

如果领导者有着事必躬亲的倾向，那么下面几点建议或许会对其有所帮助。

1. 恰当地授权

当组织发展到一定阶段，随着事务的日益增多，领导者就已经无法亲自处理所有的问题了，这时候就需要授权。从某种意义上说，授权是管理最核心的问题，也是简单管理的要义，因为管理的实质就是通过其他人去完成任务。授权意味着领导者可以从繁杂的事务中解脱出来，将精力集中在管理决策、经营发展等重大问题上来。通过授权，领导者可以把下属管理得更好，让下属独立去完成某些任务，也有助于他们成长。

2. 学会置身事外

实际上，有些事务并不需要领导者的参与。比如，下属们完全有能力找出有效的办法来完成任务，根本用不着领导者来指手画脚。也许你确实是出于好意，但是下属们可能不会领情。更有甚者，他们会觉得领导者对他们不信任，至少他们会觉得领导者的管理方法存在很大问题。当出现这种情况时，领导者应当学会如何置身事外。

领导者在决定对某项事务做出行动之前，可以先问自己两个问题："如果我再等等，情况会怎么样？"以及"我是否掌握了采取行动所需要的全部情况？"如果认为插手这项事务的时机还不成熟或者目前还没有必要由自己来亲自做出决定，那么领导者就应当选择沉默。在大多数情况下，事情也许根本不用领导者去费心，下属们就会主动去弥补缺漏。通过这样缜密的考虑，领导者会发现也许有时候自己的行动是不必要的，甚至会使情况变得更糟。

3. 弄清楚究竟哪些事务身为领导不必亲自去做

既然明白了事必躬亲的弊端，那么下一步领导者就必须明确授权的范围，也就是说，究竟哪些事务领导者不必亲自去做。根据组织的实际情况，授权的范围肯定会有所不同。但这其中还是有一些规律性的东西。在授权时，下面几个因素值得考虑：

（1）任务的复杂性。任务越复杂，领导者本人就越难以获得充分的信息并做出有效的决策。如果复杂的任务对专业知识的要求很高，那么与此项工作有关的决策应该授权给掌握必要技术知识的人来做。

（2）责任或决策的重要性。一般说来，一项责任或者决策越重要，其利害得失对于团队或整个企业的影响越大，就越不可能被授权给下属。

（3）组织文化。如果在一个组织里，管理层对下属普遍很信任，那么就可能会出现较高程度的授权。如果上级不相信下属的能力，授权就会变得十分勉强。

（4）下属的能力或才干。这可以说是最重要的一个因素。授权要求下属具备一定的技术和能力。如果下属缺乏某项工作的必要能力，则领导者在授权时就要慎重。

H. 米勒说过："真正的领导者不是要事必躬亲，而在于他要指出路来。"领导者向下属授权，不仅可以使自己从繁忙的工作当中解脱出来，更可以增强下属的工作积极性。这种一箭双雕的事情，是每个领导者都应该学会去做的。

放权方可释放权力的效力

管理虽说是上级对下级的一种权力运用，但是如果简单地这样理解，那就错了，因为现代管理不是权力专制的表现，而是权力调控的表现。

权力是一种管理力量，但是权力的运用应该是有法度的，而不能是公司领导者个人欲望的自我膨胀。因此，一个高明的领导者，首先要明白这一点：自己的工作是管理，而不是专制。也就是说，领导者不是监工，因为监工就是专权的化身。把自己当作监工，大权独揽，把所有的下属都看成是为自己服务的领导者，绝对不可能成为一个好的领导。再者说，监工式的管理模式已经与现代企业"以人为本"的思想相去甚远。也许监工式的管理模式在一时一刻有用，但是不可能时时有用。因此，领导者需要牢记一点："以人为本"的管理会对公司领导的用人方式带来益处，至少不会招致下属的心理抗拒，容易使双方形成平等、融洽的人际关系，从而创造一种良好的工作气氛。

从另一个方面来讲，一个人只有手中有了权力才会有工作的能力。士兵有了开枪的权力，才能奋勇杀敌；推销员有了选择客户的权力，才能卖出货物。如果领导者把这些权力死死地握在手中，而不将其授予下属，那么这些权力的效力也就无法得到释放。

放下一些权力给下属，领导者才能收获一些人心，其实这是一个很简单的道理，也是一种等价交换。

对一个领导者而言，彻底改变监工身份，有时候并不是嘴巴上简单说说而已。要转变这种观念，需要用领导者自己的实际工作来体现，才能真正做到由专权到放权的角色转换。领导者要切记，不要误以为专权就是手握大权，放权就是失权，相反，放权的同时可以有效地释放权力的应有效力，赢得下属的心，使下属更加尊重你的权力，使你的权力从本质上更有效应。

而专权则只能是迫使下属表面服从，却赢不了下属的心。

领导者通过分权和授权，能够充分发挥下属的主观能动性，最大限度调动下属的积极性和创造性，提高工作效率。当然，领导者指派下属去做某项工作之后也不能不管不问，在适当的时候询问下属一些问题，可以防止他偏离目标。例如，问他是否需要协助，工作进度如何，是否遇到困难等。领导者应该站在客观的立场上评价下属的工作，并鼓励他们大胆去做。这样一来，领导者也就能收获下属的心，获得一群卖力工作的手下。

第五章

有效激励，让员工自己奔跑

最有效的 13 条激励法则

员工是企业生存与发展的基石，企业要发展，就必须依赖员工的努力。因此，激励员工发挥所长，贡献其心力，是管理者的首要责任。

以下介绍 13 种激励法则，帮助员工建立信任感，激励员工士气，使员工超越巅峰，发挥他们的创造力、热情，全力以赴地工作：

（1）不要用命令的口气。好的管理者很少发号施令，他们都以劝说、奖励等方式让员工了解任务的要求并去执行，尽量避免直接命令，如"你去做……"等。

（2）授权任务而非"倾倒"工作。"授权"是管理的必要技巧之一。如果你将一大堆工作全部塞给员工去做，便是"倾倒"，这样员工会认为你滥用职权；而授权任务则是依照员工能力派任工作，使他们得以发挥所长，圆满地完成。

（3）让员工自己做决定。员工需要对工作拥有支配权，如果他们凡事都需等候上司的决策，那么他们就容易产生无力感，失去激情。不过员工通常并不熟悉做决定的技巧，因此管理者应该告诉员工，不同的做法会有哪些影响，然后从中选择。

（4）为员工设立目标。设立目标比其他管理技能更能有效改善员工表现，不过这些目标必须十分明确，而且是可以达到的。

（5）给予员工升迁的希望。如果公司缺乏升迁机会，管理者最好尽量改变这种情况，因为人如果有升迁的希望，可激励他努力工作。假如你不希望以升迁机会提高人事成本，起码也要提供一些奖励办法。

（6）倾听员工的意见，让他们感觉受到重视。尽可能每周安排一次与员工聚会，时间不用很长，但是借此机会员工可以表达他们的想法与意见，而管理者则应用心记录谈话内容，以便采取行动。

当然，你未必同意每位员工的要求，但你不妨用心倾听，因为员工会因为你的关心而努力工作，表现更好。

（7）信守诺言。好的管理者永远记得自己的承诺，并会采取适当行动。如果你答应员工去做某些事，却又没有办到，那将损失员工对你的信赖。

因此，你不妨经常携带笔记本，将对方的要求或自己的承诺写下来，如果短期内无法兑现，最好让员工知道，你已着手去做，以及所遇到的困难。

（8）不要朝令夕改。员工工作需要连贯性，他们希望你不要朝令夕改，因此如果政策改变，最好尽快通知，否则员工会觉得无所适从。

（9）及时奖励员工。每当员工圆满完成工作时，立刻予以奖励或赞美，往往比日后的调薪效果好。赞美与批评比例，应该是4∶1。

（10）预防胜于治疗，建立监督体系。每天检视公司动态与员工工作进度，以便在出现大问题以前，预先了解错误，防患于未然。

（11）避免轻率地下判断。如果管理者希望员工能依照自己的方法工作，必然会大失所望。因为，每个人处理事情的方式不同，你的方法未必是唯一正确。所以，最好避免轻率地断言员工犯错误，否则会影响对他们的信任感，甚至做出错误的决策。

（12）心平气和地批评。批评也是激励的一种方式，然而批评必须掌握方法，激烈的批评只会让员工感染到你的怒气，并产生反抗情绪，只有心平气和的批评才能让员工了解自己的错误，并感受到你对他的期待，才能对员工产生激励的效果。

（13）激励员工办公室友谊。让员工们在工作中有机会交谈，和谐相处。因为许多人愿意留在一个单位工作，是他们喜欢这个环境与同事。因此，不妨经常办些聚会，增进员工间的感情。员工们在人和的气氛下工作，必然会更有创造力，更有活力。

建立完善有效的激励机制

强化工作动机可以改善工作绩效,诱发出员工的工作热情与动力。这里强调的是管理者所做的一切努力只是一个诱发的过程,能真正激励员工的还是他们自己。

要想冲破员工们内心深处反锁的门,你必须要好好地谋划一番,为你的激励建立一个有效的机制。那么,一个有效的激励机制应该具备哪些特征,符合什么样的原则呢?

（1）简明。激励机制的规则必须简明扼要,且容易被解释、理解和把握。

（2）具体。仅仅说"多干点"或者说"别出事故"是根本不够的,员工们需要准确地知道上司到底希望他们做什么。

（3）可以实现。每一个员工都应该有一个合理的机会去赢得某些他们希望得到的东西。

（4）可估量。可估量的目标是制订激励计划的基础,如果具体的成就不能与所花费用联系起来,计划资金就会白白浪费。

一个高效激励机制的建立,企业的管理者需要从企业自身的情况,以及员工的精神需求、物质需求等多方面综合考虑,更新管理观念与思路,制定行之有效的激励措施和激励手段。具体来说,应该做到以下几点:

1. 物质激励要和精神激励相结合

管理者在制定激励机制时,不仅要考虑到物质激励,同时也要考虑到精神激励。物质激励是指通过物质刺激的手段来鼓励员工工作。它的主要表现形式有发放工资、奖金、津贴、福利等。精神激励包括口头称赞、书面表扬、荣誉称号、勋章……

在实际工作中，一些管理者认为有钱才会有干劲儿，有实惠才能有热情，精神激励是水中月、镜中花，好看却不中用。因此，他们从来不重视精神激励。事实上，人类不但有物质上的需要，更有精神方面的需要，如果只给予员工物质激励，往往不能达到预期的效果，甚至还会产生不良影响，美国管理学家皮特就曾指出："重赏会带来副作用，因为高额的奖金会使大家彼此封锁消息，影响工作的正常开展，整个社会的风气就不会正。"因此，管理者必须把物质激励和精神激励结合起来才能真正地调动广大员工的积极性。

2. 建立和实施多渠道、多层次的激励机制

激励机制是一个永远开放的系统，要随着时代、环境、市场形式的变化而不断变化。因此，管理者要建立多层次的激励机制。

多层次激励机制的实施是联想公司创造奇迹的一个秘方。联想公司在不同时期有不同的激励机制，对于20世纪80年代的第一代联想人，公司主要注重培养他们的集体主义精神和满足他们的物质需求；而进入90年代以后，新一代的联想人对物质要求更为强烈，并有很强的自我意识，基于这种特点，联想公司制定了新的、合理的、有效的激励方案，那就是多一点空间、多一点办法，制定多种激励方式。例如让有突出业绩的

业务人员和销售人员的工资和奖金比他们的上司还高许多，这样就使他们能安心现有的工作。联想集团始终认为只有一条激励跑道一定会拥挤不堪，一定要设置多条跑道，采取灵活多样的激励手段，这样才能最大限度地激发员工的工作激情。

3. 充分考虑员工的个体差异，实行差别激励的原则

企业要根据不同的类型和特点制定激励机制，而且在制定激励机制时一定要考虑到个体差异：例如有的员工相对而言对报酬更为看重，有的员工则更注重提升能力、得到升迁；有的员工自主意识比较强，对工作条件等各方面要求比较高，有的员工则因为家庭等原因比较安于现状，相对而言比较稳定；有的人更注重自我价值的实现，他们更看重的是精神方面的满足，例如工作环境、工作兴趣、工作条件等，而有的人则首先注重的是基本需求的满足；在职务方面，管理人员和一般员工之间的需求也有不同。因此企业在制定激励机制时一定要考虑到企业的特点和员工的个体差异，这样才能收到最大的激励效力。

4. 管理者的行为是影响激励机制成败的一个重要因素

管理者的行为对激励机制的成败至关重要。首先，管理者要做到自身廉洁，不要因为自己多拿多占而对员工产生负面影响；其次，要做到公正不偏，不任人唯亲；再次，管理者要经常与员工进行沟通，尊重支持员工，对员工所做出的成绩要尽量表扬，在企业中建立以人为本的管理思想，为员工创造良好的工作环境。此外，管理者要为员工做出榜样，通过展示自己

的工作技术、管理艺术、办事能力和良好的职业意识，培养下属对自己的尊敬，从而增加企业的凝聚力。

建立有效的、完善的激励机制，除了做到以上几点之外，还要注意两方面的问题：

（1）要认真贯彻实施，避免激励机制流于书面。

很多管理者没有真正认识到激励机制是其发展必不可少的动力源，他们往往把激励机制的建立"写在纸上，挂在墙上，说在嘴上"，实施起来多以"研究，研究，再研究"将之浮在空中，最终让激励机制成为一纸空文，没有发挥任何效果。管理者一定要避免这种情况的发生，将激励机制认真贯彻实施。

（2）要抛弃一劳永逸的心态。

企业的激励机制一旦建立，且在初期运行良好，管理者就可能固化这种机制，而不考虑周围环境的变化和企业的变化，这往往会导致机制落后，而难以产生功效。管理者应该根据时代的发展、环境的变化不断改革创新激励机制。

人才是企业生存与发展的关键，如何在企业有限的人力资本中调动他们的积极性、主动性和创造性，有效的激励机制是必不可少的。因此，管理者一定要重视对员工的激励，根据实际情况，综合运用多种方式，把激励的手段和目的结合起来，改变思维模式，真正建立起适应企业特色、时代特点和员工需求的有效的激励机制，使企业在激烈的市场竞争中立于不败之地。

试一试"蘑菇管理"法

"蘑菇定律"指的是初入职场者因为特长没有显现出来，只好被安排在不受重视的部门干跑腿打杂的工作，好比蘑菇总是被置于阴暗的角落，要受到无端的批评、指责、代人受过；好比蘑菇总是莫名其妙地被浇上一头大粪，得不到必要的指导和提携；好比任蘑菇自生自灭。据说，"蘑菇定律"是20世纪70年代由一批年轻的电脑程序员"编写"的，这些独来独往的人早已习惯了人们的误解和漠视，所以在这条"定律"中，自嘲和自豪兼而有之。

卡莉·费奥丽娜从斯坦福大学法学院毕业后，第一份工作是在一家地产经纪公司做接线员，她每天的工作就是接电话、打字、复印、整理文件。尽管父母和朋友都表示支持她的选择，但很明显这并不是一个斯坦福毕业生应干的工作。但她毫无怨言，在简单的工作中积极学习。一次偶然的机会，几个经纪人问她是否还愿意干点别的什么，于是她得到了一次撰写文稿的机会，就是这一次，她的人生从此改变。这位卡莉·费奥丽娜就是惠普公司前首席执行官，被尊称为世界第一女首席执行官。

可见，其实有这样一段"蘑菇"的经历，并不一定是什么坏事，尤其是当一切刚刚开始的时候，当几天"蘑菇"，能够消除我们很多不切实际的幻想，让我们更加接近现实，看问题更加实际。

"蘑菇"经历对成长的年轻人来说，就像蚕茧在羽化前必须经历的一步，如果将这个定律落于实处，需要从企业和个人两方面着手。

1. 企业

（1）避免过早曝光：他还是白纸，有理论难免会纸上谈兵。过早对年轻人委以重任，等于揠苗助长。

（2）养分必须足够：培训、轮岗等工作丰富化的手段是帮助人力资本转为人力资源的工具。

2. 个人

（1）初出茅庐不要抱太大希望：当上几天"蘑菇"，能够消除我们很多不切实际的幻想，让我们更加接近现实，看待问题也会更加实际。

（2）耐心等待出头机会：千万别期望环境来适应你，做好单调的工作，才有机会干一番真正的事业。

（3）汲取养分，苗壮成长：要有效地从做"蘑菇"的日子中汲取经验，令心智成熟。

总之，"蘑菇管理"是一种特殊状态下的临时管理方式，管理者要把握时机和程度，被管理者一定要诚心领会，早经历早受益。

与员工共享成果

人人都有名利心，这是无可否认的事实，管理者也是凡人，也会向往名利，这也无可厚非。关键是在追求名利的过程中不要超过"度"，不要把员工的功劳据为己有。

管理者向上请功时，正确的做法是与员工分享功劳，分享成功的幸福和喜悦，而不应该独占功劳。假如管理者是个喜欢独占功劳的人，相信他的员工也不会为他卖力。因为喜欢独占功劳的人，往往会忽视员工的利益，让他的员工一无所获。这样的管理者，其行为可能会激起民愤。

有人常在私下里会说管理者："功劳是他的，荣誉是他的，好房由他住着，而我们什么也没有得到。"

这种情况很普遍，现代企业中一些管理者把员工的工作成果占为己有，又不能适当奖励他们，让员工觉得管理者偷取了他们的工作成绩。其实人人做事都希望被人肯定，即使工作未必成功，但终究是卖了力，都不希望被人忽视，不希望自己的果实被别人占取。

一个人的工作得不到肯定，是在打击他的自信心，所以作为管理者，切勿忽视员工参与的价值。

例如：在某大公司的年终晚会中，经理表扬了两组营业成绩较佳的团队，并邀请他们的主管上台。第一位主管，好像早有准备似的，一上台便滔滔不绝地畅谈他的经营方法和管理哲学，不断向台下展示自己在年内为公司所做出的贡献，令台下的经理及他手下的员工，听了非常不满。

而第二位主管，一上台便多谢自己的员工，并庆幸自己有一班如此拼搏的员工，最后还邀请他们上台接受大家的掌声。当时台上、台下的反应如何不言而喻。

同样的管理，不同管理者的表现却有如此大的差别，像第一位那种独占功劳的主管，不但员工对其不满，经理也不会喜欢这种人。而第二位主管能与员工分享成果，令员工感到受尊重，日后有机会自会拼搏。而经理也会尊敬、敬重这种人。其实功劳归谁老板最清楚，不是你喜不喜欢与他人分享的问题。

因此，管理者应该经常轻松地提供令员工满意的回馈，如一句简短的鼓励或一句赞美的话。然而在许多例子中，有些领导者根本不愿意提供给员工任何工作表现良好的回报。当管理者不能给予员工适当的回馈时，员工便无从设计未来，他们会问自己的贡献受到肯定了吗？他们应该继续为这位领导者贡献心力吗？他们是否需要改善工作态度或能力，怎样才能有所改善等。

正如某公司的员工所说："我不觉得受到了重视。我的领导从不会对我斥责，也不批评，即使在工作中做出了很大的贡献，他也从来不会赞美，只把功劳占为己有。有时我怀疑他是否在乎我的感觉。我不能确定工作做得好坏有何影响，只能混日子，拿死工资，这严重影响了我的工作情绪。"

可见，让员工分享企业的成功，把他们的利益与组织的成败直接联系起来，让他们对组织产生一种归宿感，这是领导员工的高境界，也是每个管理者都应该遵循的原则。

培养员工的自信心

作为一名聪明的管理者，要想让自己的团队保持团结一致，高效运转，就要调动员工的积极性，就要让员工在能够培植自信心的气氛中工作。因为自信心是一个有良好素质的员工不可或缺的创造源泉，也是影响一个人工作能力高低的重要因素。

自信心是一种奇妙的东西，它的提高会在人的内心产生一种能动的力量，促使个人发展完善，并因此让人把握住一条正确的途径。一个人如果丧失了自信心，那他整个人就会显得萎靡不振、毫无活力，而且是永无长进。

安东尼是一个性格内向的小伙子，平时沉默寡言，不擅长交际。参加工作后仍然如此，不管领导给他任何工作或任务，他的表现都不尽如人意。安东尼的经理为了恢复他的自信心，在对他进行一番详尽的了解后，经常对他进行鼓励和夸赞，并用心去发掘他不易被察觉的长处。

"你很不错，只是你自己没有发觉，你以前曾做过××事，那时候你的表现真是好极了。"

"不要管别人对你的看法，只要你不感到愧对自己就行，要堂堂正正地挺起胸膛来。"

正是经理经常找出安东尼的优点，激励他勇往直前。安东尼才慢慢恢复了自信，工作也做得有声有色。

作为一名管理者，在培养员工的自信心时，最大的"阻碍因素"莫过于员工的自卑感了。不论哪个公司，总是存在着两三位有自卑感的员工。一旦自卑感作祟，他们就会丧失自信，使其本身能力降低。有自信的人会不断地提出方案，积极主动地面对工作。而有自卑感的人，因过于注重他人的言论，总顾忌着自己的一举一动是否惹人注意，会不会受到他人耻笑，因此总是不敢发表意见。他们总是跟着自信者的脚步，以他人的意见为意见，于是对自己愈来愈丧失自信，愈来愈自卑，最后竟然完全没有了个人思想。这样的员工是很难在工作上有所突破，很难干出优异的成绩来的。

因此，管理者要指导员工克服自卑心理，产生自信心。要在本单位、本部门消除上述现象，必须从以下几个方面加强训练：

（1）使其早日适应工作与团体组织。如果无法适应就无法产生自信，这点对新进员工尤为重要。

（2）赋予他较高的目标，让其独立完成。他如果成功了，从此便会信心大增。

（3）训练他们掌握自动解决问题的方法。只有依靠自己的力量解决问题才能产生信心。

（4）训练他们从事较高水准的工作。他们完成高水准的工作后，在兴奋之余就会产生自信心。

（5）称赞他。当人受到称赞时就会产生信心。当然，这种称赞应当是切合实际的，否则会起到相反的作用。

自信，可提高个人的工作意念。管理者一定要努力培养员工的自信性格，从而帮助员工时刻保持轻松的心情，敢于直面各种困难的考验和挑战。

按员工的性格秉性进行激励

在企业中，每一个员工都有自己的性格特点——有外向的、喜交际，有内向的、爱独处；有的安于熟练化、按部就班的岗位，有的偏好高风险、高挑战性的工作；有的长于管理团队，有的精于技术性工作……企业的管理者在日常管理中要花精力去了解和判断员工的性格特点、兴趣爱好，在进行激励的时候，要尽量与其性格、爱好和特长相匹配。这样既能激发员工的工作兴趣和热情，又能充分发挥其所长，取得事半功倍的成效，实现员工与企业的"双赢"。

某公司的何经理采取了许多提高员工工作动力的方法，如赞扬、发奖状、为员工提供更多的休息时间、公费旅游、发放奖金等方法激励员工的干劲。虽然何经理如此煞费苦心，但是员工并没有买他的账，没有因为他的奖励而提高工作动力。主要原因就是何经理犯了激励管理中的一个通病：没有因人而异地激发员工的动力，没有考虑员工性格特点的差异。

最后，何经理专门抽出两天的时间和每一个员工面对面地交谈，详细了解每个人的兴趣爱好、性格特点，非常认真地询问每个员工希望从工作中获得什么，最后确定每个员工在工作中寻找到的最有意义的动力源泉。他发现：××辛勤工作的最大动力是能够有机会不断提高自己的技术水平，而并不是多拿100块钱的奖金；××希望有自主决定工作方式的权力，这样他才会有更大的动力，而公费旅游对他没有任何吸引力；××不仅喜欢自己从事的工作，还喜欢与工作有关的社交活动……

何经理在收集了各种信息后，就针对不同的员工制订了不同的激励计划，采取了不同的激励手段。现在，他所领导的团队具有非常高的工作动力与热情。

由此可见，管理者在对员工进行激励时，要根据他们的性格特点选择不同的激励方式。只有"对症下药"，才能事半功倍。

对于那些有主见，喜欢按自己想法做事的员工，管理者要对他们的正确意见给予积极的肯定和赞扬，并且对他们进行充分的授权，给他们广阔的、自由的空间去施展才华，从而激发他们的主人翁精神，让他们更有干劲。

对于那些自卑感比较重，很少发表自己的意见的低调员工，管理者要多给予他们一些关注和鼓励。如果管理者长期忽视他们，他们就会渐渐消沉下去，甚至觉得自己在公司是可有可无的，就更谈不上任何积极性、主动性了。所以，管理者对这一类型的员工要多多关心和鼓励，例如经常询问一下他们的工作进度，经常对他们说："你肯定能干好的！""继续努力！"

从本性来说，人是一种群居的动物，喜欢在某一个群体中生活。公司是一个群体，办公室也是一个交际的平台，在这里，管理者应该鼓励那些内向的、喜欢独来独往的员工进行交流，培养他们的团队精神，让他们产生归属感，让他们不再是寂寞的"独行侠"，从而增强他们的工作动力。

有些员工天生喜爱张扬，希望自己的知名度越高越好，对待这样的员工，管理者要积极创造机会，给他们提供展示自己的机会。例如，福特汽车与美国电报电话公司用他们的员工担任电视广告的角色；大西洋贝尔电话公司的移动电话部用优秀员工的名字，作为中继站的站名。

有些员工自恃能力过高，对上司的意见、命令常常有抵触情绪。面对这样的员工，管理者要恰当地使用反激的方式，鼓励他们去做原来自己未打算做、不情愿做的事。

诸葛亮率师平定南中叛乱时，刚到当地便受到十五万敌军的阻击。他令人把赵云、魏延喊来，可是当他们来到大帐后，他却摇了摇头，又令人把王平、马忠叫来说："现在判军分三路而来。我本想遣赵云、魏延前往迎敌，可他二人不识地理，未敢擅用。你们俩可兵分两路，左右出击迎敌。"诸葛亮见赵云、魏延在一旁极不自在，便对他俩解释说："我不是不相信你们，南中山险难窥，地形复杂，你们是先锋大将，若令你们涉险入深，一旦被敌军暗算，会挫伤我军元气的。你们要谨慎从事，不可乱动。"赵云、魏延俩人越想越不是滋味，心想自己是先锋，如今却让晚辈去迎敌，这岂不是太伤面子了，不如先捉几个当地人问明路径，今晚就去破敌营寨。当二将手提敌将首级向诸葛亮请罪时，诸葛亮不但没有责备他俩违反军令，反而哈哈大笑："这是我激遣你二人的计策，若不如此，你们肯细心打探路径吗？"

除了以上这种激励方式之外，还有很多方法可供管理者选择。关键是要做到因人而异，使激励方法符合员工的性格特点。

经常制造一些令人兴奋的事件

你知道为什么讨厌做家务事的孩子会在新年到来时乐意帮助做家务事吗？知道为什么员工到了快发年终奖金，或是公司举办犒赏活动时，他们的工作情绪最高，最有干劲吗？

孩子虽然平时不喜欢做家务事，但是新年到来时，他们可以拿到压岁钱，可以跟小朋友一起玩……因为有那么多有趣的事，于是平时看来烦琐的家务事也不是那么令人讨厌了。同样，在公司上班的人，会在那时工作最为起劲，当然，他们不仅仅是为了多拿点奖金，而是拿到奖金以后，也许可以去外地旅行，也许可以凑够房子首付的费用，或者可以购置几套漂亮的衣服……几乎所有的梦，所有的理想，都寄托在那个奖金上了。那份奖金，就不仅仅是钱了，而是成了梦想实现的象征，说得明确一点，与其说他们是为奖金而起劲工作，不如说他们是在为梦想而奋斗。

　　其实，这种发奖金、举办犒赏活动就是管理者制造的令员工兴奋的事件。这些事件会激发员工的工作积极性，极大地调动他们的工作热情。制造兴奋事件的方式比较多，例如公司举办郊游、同乐晚会、过年放假……这些都是提高员工情绪的重要动因。可能管理者在平时会经常听到员工说："主管答应让我中秋节回家，现在我工作得挺起劲的。"是的，这就是举办犒赏活动产生的效果了。可能你会有所担心，如果我给他们放假，他们会不会乐不思蜀，以至于假后上班时心不在焉呢？

　　答案是"否"！你知道美国的公司制度吗？一年给员工们20~30天的长假，人们可以利用长假到国外旅行、观光……而当他们再回到工作岗位时，却斗志昂扬，更加全心地投入工作。原因何在？用一位年轻人在接受记者采访时的话来回答吧："虽然我很渴望能有假期旅行，公司也确实给了我30天假期去玩儿，但是我却在旅行的时候想到我的工作……"确实如此，人工作久了便会想玩儿，玩儿过火了又会想工作，所以，你绝对不必担心你的下属。当他们玩儿够了以后，自然又会卖命地工作了。

要提高工作效率，管理者就得提高员工的情绪，并激励这种情绪维持下去。

当然，如果同样的措施一再重复，会令人觉得没有意思，也起不到激励的效果，使人高兴的方法要因人而异。所以管理者在准备某些娱乐节目之前，可以听听不同人的看法，做个调查，尽量搞得多姿多彩，使员工总是能很愉快地工作。

令人兴奋的事件有很多，甚至在员工对你有所不满时，你可以给他一些娱乐激励，也可以取得很不错的效果。

下篇

管事要准：做对事才能基业长青

第一章

制定规则，让每一件事都有制度可依

好制度胜过一切说教

第二次世界大战中期，美国为空军提供降落伞的制造商制造的降落伞安全性能不够。后来在厂商的努力下，合格率逐步提高到99.9%，而美国军方要求降落伞的合格率必须达到100%。厂商对此很不以为然。他们认为，能够达到这个程度已接近完美，没有必要再改进。他们一再强调，任何产品都不可能达到绝对的100%合格，除非奇迹出现。

但军方却不这样想，他们认为，99.9%的合格率就意味着每1000个伞兵中，会有1个人因为产品质量问题在跳伞中送命，这显然会影响伞兵们战前的士气，是不能被接受的。后来，军方改变了检查产品质量的方法，决定从厂商前一周交货的降落伞中随机挑出一个，让厂商的负责人装备上身后，亲自从飞机上跳下。这个方法实施后，降落伞的合格率立刻就变成了100%。

刚开始厂商还总是强调难处，为什么后来制度一改，厂商就再也不讨价还价，乖乖地绞尽脑汁提高产品质量呢？原因就在于前一种制度还没有最大限度地涉及厂商的自身利益，以致厂商对那 0.1% 的不合格率没有切身的感受，甚至认为这是正常的，对伞兵们每千人死一人的现象表现漠然。后来制度一改让厂商先当一个"伞兵"，先体验一下这个 0.1% 的感受，结果奇迹出现了，相信这一定是厂商"夜不能寐""废寝忘食"的结果。

管理员工离不开制度，好制度胜过一切说教。

好的制度设计对社会和企业非常重要，人性、良知、觉悟、教养、能力等有关人的一切，只要制度定得好，人都是好的，企业和社会都会兴旺发达，否则反之。

18 世纪，大英帝国向世界各地殖民之时，英国探险家到达澳大利亚并宣布其为英国属地。当时英国普通移民主要是到美国，为了开发蛮荒的澳大利亚，政府决定将已经判刑的囚犯运往澳大利亚，这样既解决了英国监狱人满为患的问题，又给澳大利亚送去了大量的劳动力。

政府把将犯人从英国运送到澳大利亚的船运工作交给私人船主承包，而政府只支付长途运输囚犯的费用。一开始，英国的私人船主向澳大利亚运送囚犯的情况和美国从非洲运送黑人的情况差不多，船上拥挤不堪，营养与卫生条件极差，囚犯死亡率极高。据英国历史学家查理·巴特森写的《犯人船》一书记载，1790 年到 1792 年间，私人船主运送犯人到澳大利亚的 26 艘船共 4082 名犯人，死亡 498 人。其中一艘名为海神号的船，

424 个犯人死了 158 个。

如此高的死亡率不仅在经济上造成了巨大的损失，而且在道义上也引起了社会强烈的谴责。原本罪不至死的犯人却要在海上运输中面对一次死刑的煎熬。政府如何解决这个问题呢？

政府想到了一个方法，他们不再按上船时运送的囚犯人数来给船主付费，而是按下船时实际到达澳大利亚的囚犯人数付费。因为按上船时人数付费，船主就会拼命多装人好得到更多的钱。而且途中不给囚犯吃饱吃好，把省下来的食物成本变为利润，至于有多少人能活着到澳大利亚则与船主无关。但是当政府改变方法，按实际到达澳大利亚的人数付费时，能有多少人到达澳大利亚就变得至关重要了。这些囚犯是船主的财源，自然也就不能虐待了，正如牧羊人不会虐待自己的羊一样。这时私人船主就不会一味多装囚犯，因为要给每个人多一点生存空间，要保证他们在长时间海上生活后仍能活下来，还要让他们吃饱吃好，当然还要配备医生，带点常用药等。这些抉择与措施是极其复杂的，不过新的方法实施后，这些就变成了船主的事而不是政府的事了。

据《犯人船》一书介绍，当政府这种按到达澳大利亚人数付费的新制度实施后，出现了立竿见影的效果——1793 年，3艘船到达澳大利亚，这是第一次按从船上走下来的人数支付运费。在 422 名犯人中，只有 1 个死于途中。后来这种制度经过修改完善后普遍实施，政府按到澳大利亚的人数和这些人的健康状况支付费用，甚至还有奖金。这样，运往澳大利亚囚犯的死亡率迅速下降到 1% 至 1.5%。

私人船主的人性没变，政府也并没有立法或建立庞大的机构与人员去监督，只是改变了一下付费制度，一切问题就迎刃而解了。这正是制度经济学强调制度重要的原因。

英国政府解决这个问题的办法非常巧妙，第一，他们没有乞求船主们发善心，寄希望于道德说教的作用；第二，他们也没有设立什么新的政府监督机构，委派什么押运官员。而是对原有的制度进行了一个简单的创新性修改，用好制度解决了一个原本很麻烦的问题。

企业的规章制度，归纳起来，大体分为以下 3 类：

（1）基本制度。如董事会制度、股东会制度以及各类民主管理制度等。

（2）工作制度。即有关工作的制度，如计划管理工作制度、市场营销工作制度、生产管理制度、人力资源管理制度、物资供应管理制度、财务制度等。

（3）责任制度。这是规定企业内部各级组织、各类员工的工作范围、职责和权限等的制度。

由于经济学关于人性本懒惰自私的假设在商品经济社会里从提高管理效率的角度来说，是放之四海而皆准的。所以在任何企业里，都需要规章制度。一套好的规章制度是管好员工的保证，它胜过一切说教。

分粥理论：制度到底该如何设计？

从前，在一个荒岛上住着 7 个人，他们每天都需要共分一小锅粥，但是又没有任何度量器具。一开始，他们随意指定了一个人全权负责分粥，但很快就发现，这个负责分粥的人总是为自己分得最多的粥。换别人负责以后，结果还是一样，负责分粥的人总是让自己碗里的粥分得最多最好。于是，大家决定轮流分粥，每人负责一天。

结果一个礼拜下来，每个人都只有一天可以吃饱，也就是自己负责分粥的那一天。于是，他们又尝试采用新的办法，即共同推举出一个大家都信得过、品德高尚的人来主持分粥。一开始他还能公平分粥，但不久大家都开始挖空心思去讨好他。逐渐地，分粥者便只给自己和溜须拍马的人多分，这样，分粥又变得不公平了。

人们只好又探索新的分粥办法，即成立分粥委员会和监督委员会，形成分权和制约。这样，公平基本做到了，但是由于监督委员会经常提出种种质疑，分粥委员会又据理力争，等到分完，粥早就凉了。最后，大家终于想到了一个最好的办法：轮流负责分粥，但是负责分粥的人在每次分好 7 碗粥后，要等到其他人都挑完，自己再吃剩下的最后一碗。于是，为了不让自己拿到最少的那一碗，负责分粥的人每次都尽量分得平均，就算不够绝对平均，负责分粥的人也就只能认了。从此以后，大家快快乐乐，和和气气，日子越过越好。

这个故事用一个浅显的道理说明了制度设计与制度管理的重要性。制度设计得不同，就会有不同的风气。为了加强管理，不少企业制定了一套又一套的制度，每个人的办公桌上都摆着厚厚的制度汇编，办公室墙上挂的是各种管理办法或规章制度，似乎时时处处都可以感觉到包罗万象的制度。但从实际效果看，依旧存在着不少由于管理上的漏洞所带来的负面影响。比如，人员工作的积极性低，没有效率，"干与不干一个样，干多干少一个样，干好干坏一个样"的现象依然存在，丝毫没有消失的迹象；部门之间推诿扯皮，办事效率低下，一点儿都没有体现出高度的责任感；个别领导凌驾于制度之上，不懂率先垂范，在分配与晋升等重要事项上，还是一人说了算；贪污腐败、形式主义等时有出现，难以杜绝。由此，制度虽然不少，然而实际情况是，制度不但没有发挥出应有的作用，反而增加了内部掣肘。

其实，企业之所以存在这一问题，根本原因就在于这些制度在设计之初就没有能够真正体现出公平公正，没有适用性和高效性，与实际需要不相符合，从而体现不出制度对各种事项进行规范的内在作用。

"分粥理论"让我们知道："先进适用而高效化、公平公正而民主化、奖惩分明而激励化"的制度，才是搞好内部管理的基础，我们需要根据实际而创新这样的制度。落后僵化、脱离实际、流于形式的制度安排，不但无助于提高工作效率，反而会成为日常管理中的一种枷锁和羁绊。就拿上述的分粥故事来说，前几种分粥办法，或造成分粥不公平的结局，影响大家的积极性；或给"掌勺者"以可乘之机，使其有以权谋私的机会；或效率不高，在一件极简单的事情上浪费太多的精力。而唯有最后一种方法，看似简单，实则适用，包含了深刻的管理内涵，具有更宽广的适用性。

不同的制度设计，就会在制度出台以后随之形成不同的企业风气。一项好的管理制度，一定是在实际的运用过程中不断修订与创新，使其逐渐合理实用、清晰高效，既有利于简便操作，又能体现制度的公平性。因此，适用的制度是根据实际的需要制定出来的，而不是生搬硬套制造出来的。它既要体现民主化、公正性，具有很强的针对性和适用性，同时还要体现奖惩分明的绩效原则，这样才能提高企业员工的积极性和创造性，做到"以奖扬长，以惩避短"。

制度的设置应兼顾公平和效率

我们生活在社会组织形式中的个人都是有趋利性的。正如西方哲学家洛克所说的那样："人的本性是趋利避害的。"然而在企业中，如果任由这种趋势发展，企业就会变得一团糟，企业内部的秩序也将无从谈起。因此，为了规范人们由于"趋利"而产生的一些不符合组织利益或他人利益的行为，制度应运而生——它的第一功能就是规范人们的行为，使人们生活在一定的秩序中。

那么，是不是企业只要有了制度就能令所有的问题全部得到满意解决呢？是不是有了制度就能遏制人类"趋利"的本质呢？回答是否定的。从历史的角度观察，制度是人制定的，往往是谁在制定制度的过程中占据了主导权，谁就有可能在制定制度的过程中为自己或自己的利益集团谋"利"，制度也就变成了某些人的获利工具。尽管如此，我们也不能否认，制度无论怎样制定、由谁制定，它都是企业所必需的，不然，企业内部的秩序就无从保障。因此，如何才能让制度充分发挥其功效就成了最大的问题。而这一问题解决的关键在于，必须为制度的设置确定最基本的原则——公平原则与效率原则。

公平是众多企业一直孜孜追求的目标，然而公平却又是一个完全无法确定的东西，不同的时期，不同的阶段，公平被赋予的意义是不一样的。但如果在"合理设置制度"这一语境里，公平似乎又是确定的，即制度的设置须为大多数人"谋利"才是合理的。换言之，制度的设置要为企业大多数人所认同和接受，并且毫无例外地被执行。那么，如何才能做到这一点呢？

首先，制度的设置必须符合企业大多数成员的意愿，这是制度公平的基础。正所谓"顺应民心者得天下"，只有制度的设置成为大家的需要，符合企业大多数员工的意愿，它的存在才有普遍而牢靠的基础——至少在精神层面上如此。

其次，制度的设置应该是一个公开、透明的过程，这是制度公平的关键。既然企业成员有了设置制度的意愿，那么，就应该让企业成员参与其中，对设置制度的过程进行监督，让企业成员有表达意愿的机会和渠道，让所有的过程在"阳光"下进行，正所谓"公道自在人心"，公平就不言而喻了。

最后，制度的设置应该是建立在为大多数人谋利并可执行的基础上，这是制度公平的核心。设置出的制度，不应该被束之高阁让人顶礼膜拜，而应该是为民众所执行，为民众谋福利。

然而，公平也存在着先天的不足：妥协性和平均性。任何的公平都是方方面面相互妥协的结果，最终这会使企业成员坐享其成而无视公平的真正含义，让他们产生平均主义的惰性。因此，合理公平的制度又必须兼顾效率。

如何才能在公平的基础上兼顾效率呢？

（1）制度要明确其运行的规则和程序。一旦制度运行的规则和程序确定了，运行时就可以按部就班，从而避免混乱和无序带来的效率低下的后果。

（2）制度的执行者要明确自己的职责。制度最终是要被执行的，执行者就成了制度是否具有效率的关键。为此，要让执行者清楚自己的职责所在，只有责任在肩，执行者才会高效地去完成其执行的任务。

（3）制度要有的放矢，清晰明了。企业制度是通过解决组织中的问题来维系秩序的，有明确的目的性和针对性。因此，制度一定要有的放矢，清晰明了地规划出解决这些问题的措施。

（4）制度要让所有员工明白和理解。制度是个互动的平台，通过这个平台，制度的执行者和被执行者之间产生互动，为了保持这种互动的通畅与效率，除了执行者要明确自己的职责外，被执行者也应该对制度熟知并理解，这样才能保证制度的效率不打折扣。

　　总之，制度将伴随人类前进的脚步不断发展，直至"世界大同"。无论怎样，制度是人类社会的必需，是社会秩序的保障，兼顾公平与效率的制度将在人类发展的长河中熠熠生辉。

制度不是普通货，必须量身定做

　　任何一个组织想要生存并且正常地运行下去，都必须有一套切实可行的制度作为保障，企业更是如此。一套好的制度，甚至比多用几个管理人员还有效。

　　制度的作用在于限定人的行为，并明确地告诉人什么该做什么不该做，怎么做效果好怎么做效果不好，而这些不应该成为管理者每天为之费心的事情，在这方面，管理者唯一应该费心的，就是如何让制度适合自己的企业。

　　世界上没有万能的制度，任何一个企业都有它独特的地方，相应的，要让制度在企业中发挥出最大的作用，那么制度本身就必须带有企业的特色。很多管理者因为不想浪费精力而选择照搬同行业其他企业的制度，他们想，反正产品一样，市场一样，制度一样应该就不会出现什么大问题。殊不知，管理者一旦有了这样的想法，把制度看成普通货，认为有一套摆设在那就可以，实在是大错特错了。

　　一个企业，无论制定什么样的制度，都必须满足两个方面的要求。一是必须为企业量身定做，事前详细了解实际形态，整理分析各类问题，保证制度的每一句话都对应着事实。企业的情况各不相同，如果制定了冠冕堂皇的条文，却与现实情形背道而驰，则无异于一纸空文。二是千万不要以为制度一旦制定就可以一劳永逸，世上没有十全十美的事情，所以任何制度都有改革的必要。况且计划永远没有变化快，想让制度充分地发挥效用，就必须量身定做，符合企业的需求。

一个能把管理做到位的人，首先就要善于为企业量身定做制度，而灵活运用制度管理下属，则是有了合适的制度之后才要考虑的事情，没有合适的制度，制度管人又从何谈起呢?

要管头管脚，但不要从头管到脚

管理大师彼得·德鲁克说，注重管理行为的结果而不是监控行为，让管理进入一个自我控制的状态。为了进入这种状态，管理者应该管好"头"和"脚"。"管头"最重要的是要解决"做什么"和"谁来做"的分配问题;"管脚"则是检查任务完成的结果，而不必从头管到脚，做事必躬亲的"管家婆"。

有句话说:"管得少，才能管得好。"很明显，管理者过多的指点对工作毫无益处，反而让下属无所适从。太多的细节会掩盖真正的工作重点。每个人都有自己的工作方式，管理者从头到尾的啰唆，会让下属既不能完全地理解管理者的指点，又无法按照自己的行为方式去发挥。一旦执行中遇到什么挫折，他就会想到管理者，而不是自己想办法处理。同时，这也加大了管理者自身的工作量。

事实上，管理者只需把握好两个关键因素，就能高效地完成任务。

（1）搭好平台，让合适的人到合适的地方去做事。管理者只需在选"谁来做"的问题上养成对事不对人的习惯，重能力，重结果，对"做什么"的问题有自己透彻的认识，明确战略路线，为下属指明清晰的方向。当合适的人到合适的位置上做事，潜能自然就能激发出来。一旦不良结果开始出现，即使是跟组织刚成立时就开始一同打拼的元老，也得坚决调换。

（2）让工作结果成为衡量成败的唯一标准。就如同越野比赛，只要把起点、终点、比赛路径、比赛规则等确定下来，每个人都可以按自己的方式去拼搏。至于谁快、谁慢、谁动作优美、谁动作不到位，观众自然会看得明明白白、清清楚楚。所谓"管脚"，也就是检查下属完成任务的结果，而不必规定下属上午干什么，下午干什么。对于特定的任务，只要给一个完成日期，具体的过程由其自行安排。如此，把实现结果的过程交给下属，又用过程的结果来衡量下属，实在不失为一种有效的管理方法。

要尽可能地达到完美结果，管理者在"管头""管脚"的过程中还有另外两个要点应该注意：

（1）资源要到位。要想得到高效率，自然得给小组成员配置充分的资金、人员和工具等。正所谓"巧妇难为无米之炊"。身为管理者，必须给下属创造一个宽松、信任并能获得强有力支持的工作环境。

（2）教练指导。教练是不能上场的，只能在场下指导。

管理者的角色就像教练一样，应该多一些组织、辅导、制衡，而不是亲力亲为。在日常工作当中，碰到紧急棘手的问题，管理者往往不敢放手让下属去干，而是把自己陷入烦琐的事务中去，甚至把事情搞得更糟。殊不知，人才是锻炼出来的，越是看似难办的事情更应当让下属突破自己的思维定式，让他去体会，去感悟，才能造就更能为自己出力的下属。

管理者是制定法令以及监督员工完成工作的人，英明的管理者只要成功地驾驭员工就能管理好企业。以摇撼树木为比喻，如果一片一片地去扯树叶，即使累到筋疲力尽也难以达成目标；如果打击树干，大部分的叶子便自己掉下来。捕鱼也是如此，只要牵引网索，鱼群就会掉入网中；如果一个一个地握住网孔，鱼儿便都跑了。

下属是可以完成不同的任务的。管理者只有在"管头""管脚"的基础上，大胆放权，才能让自己举重若轻，并且调动下属的积极性，使之自觉地去做本来就该做、甚至本来不会做的事情。

但在管头管脚、明确授权之后，还有一件事情必须贯穿始终，那就是管理的有效监督。牢牢地掌握总目标，放手不撒手，要对下属进行有效的控制。

管理者授权的全部目的，就在于激励下属为实现组织的总目标而分担更多的责任。现在的组织单位多是一个多因素、多层次的有机整体，整体和局部、整体和环境、局部和局部之间都有着密切的联系，任何局部出现一点点偏差都会妨害组织目标的实现。管理者的根本任务是保证组织总目标的实现。因此，授权以后的管理者，不要过于频繁地过问下属分内的事，比如计划如何制定、工作如何安排、任务如何完成、找谁帮忙完成等，管理者要过问的是下属的目标能否如期实现或需要些什么帮助。作为管理者，要把精力放在议大事、控全局上，时时掌握全局的各个过程，及时掌握新情况，发现管理执行中出现的偏差、矛盾和问题，并对可能出现的偏离目标的现象进行整和纠正。

管理者的授权，是让下属分担工作，要让其对各自职权范围内的事进行决策和处理，只有当下属之间不协调或发生矛盾时，管理者才出面解决。但授权不是让权，授权以后，管理者的责任还是和下属绑在一起的。不能放任自流，不管不问。如果管理者只是想图省事、享清闲，自己当"甩手掌柜"，那就大错特错了。对于那些把权力都集中在自己手里的管理者也应如此，无所为而又无所不为，在管头管脚中给下属充分展示的空间，在有效监督中牢牢把握工作的开展态势。

不妨试试"靠边站"

管理者难免会遇到一些不服从命令的下属，令人颇感棘手。作为管理者，如果遇到这样的下属，你该怎么办呢？

对待这样的下属千万不要发脾气，更不要训斥他。因为这些很难真正起到作用，你一定要保持头脑冷静，在脑子里仔细回顾一下发生了什么。

管人要稳　管事要准

问问自己，我让他做的事情有把握吗？我能肯定他理解我所说的话了吗？他执意拒绝工作是否有某些我不知道的理由？如果你搞不清楚他为什么拒不执行你的指令，你最好直接问他："你有什么意见？你为什么不理会我的指令？"下属不执行你的指令有时也会有充分的理由，也许是他根本就没有理解。但是无论什么原因，问他一下是有必要的，至少要给他机会让他讲出理由。也许你说的某些内容或说话的方式"惹恼"了他。因而，通过询问，或许给了他一次发泄感情的机会——让他出气——然后他会心情较好地回去工作。

　　如果经过上面的沟通以后，他还是坚持拒绝听从你的指令，拒不合作，那你应该怎么办？

　　当然，如果合同允许的话，你可以处罚他或立刻将他解职。然而，这是一种惩罚性行为，必然会导致不良后果，可能影响其他员工，并难以说服受罚的员工。如果他是一位好员工，你较明智的行动应是转而求助于另一位愿意执行命令的人。这样，你可以使他"靠边站一下"，先回去工作，待他冷静之后，你再通过解释性的方法与他私下交换意见。这种"靠边站"的方法给予下属很大的压力，会给他传递一个这样的信号：你不服从命令，不愿意干，那我就找别人干，让别人替代你，从而迫使他冷静下来进行反思。但需要记住的是，作为管理者，你的职责是借助于他人的帮助来完成工作。解雇或惩罚员工会恶化你与员工之间的关系，是不能完成工作的。你讲话要坚决，但要宽宏大度，你是在与他一起工作，而不是与他作对。

第二章

相机决策，抓大放小准确而果断地拍板

决策要"牵牛鼻子"

领导者就是要高屋建瓴、统揽大局，"抓住重点，带动一般"，"突破难点，搞活全局"，能抓住主要矛盾，找准重点问题，这样才能做出正确的决策。这种领导艺术，人们更喜欢用"牵牛鼻子"来做比喻。一头硕大的水牛，怎样驱使它？推它、打它都不灵，唯有牵着牛鼻子，牛才会乖乖地听人使唤。领导做决策也一样。

唐朝末年，浙江以东的裘甫起兵叛乱，不久就攻占了几个城池，朝廷任命王式为观察史，镇压动乱。王式一到任上，就立即命人将县里粮仓中的粮食发给饥民。众将官迷惑不解，都说："您刚上任，军队粮饷又那么紧张，现在您把县里粮仓中的存粮散发给百姓，这是怎么回事呢？"王式笑着说："反贼用抢粮仓中存粮的把戏来诱惑贫困百姓造反，现在我向他们散发粮食，贫苦百姓就不会强抢了。再者，各县没有守兵，根本无力防守粮仓，如果不把粮食发给贫苦百姓，等到敌人来了，反而会用来资助敌人。"果然，在叛军到达后，百姓纷纷奋起抵抗，不到几个月的工夫，叛乱就被平定。

王式眼光敏锐，牵住了牛鼻子——粮食这个工作重点，轻而易举就平定了叛乱。

日本著名经营管理学家镰田胜说："优秀的领导者，都是把力量集中到一点上，靠全力以赴攻关才取得了一般人不能取得的卓越成果，其秘密就是如此简单。"他还说："如果一个领导在一个岗位干了很长时间仍不知道关键的工作，那就是一个不合格的领导。"这话说得不错。领导者如果心无定性，遇到什么事情就干什么事情，不能分清工作的主次、轻重、缓急，牵不住"牛鼻子"，只知道胡子眉毛一把抓，到了最后肯定是一无所获。那么，怎样才能在作决策时牵住"牛鼻子"呢？

（1）登高望远，树立全局意识。要提高抓住问题关键的能力，必须培养领导的全局意识和大局观念，坚持在全局下思考，在全局下行动。对关键决策部署和长远目标任务等一定要了然于胸；对本组织发展面临的机遇和挑战、优势和劣势，一定要心中有数，目光要远大，对未来的发展走势判断要准确，不为局部利益所诱惑，不被暂时的困难所吓倒，要通过谋长远、抓关键来最大限度保护发展潜力，激发发展活力，并从中积聚更厚重的发展后劲，为组织和谐发展打下坚实的基础。

（2）做决策，信息工作要做足，预测是关键。领导要明确是否已经掌握了足够的信息和必要的事实。前面的工作是否严格按照科学决策的程序要求进行，是否扎实，有无漏洞，是否具有充分而可靠的信息保障。充分而可靠的信息是科学决策的基础。只有掌握了丰富、及时、准确、适用的尽可能多的材料，并在此基础上积极对组织未来发展趋向做出预测，领导才有可能抓住问题的关键，做出比较正确、全面、成功的决策。

（3）以执行为前提，抓住关键环节。对于一个组织而言，决策固然重要，关键还在落实。没有落实，再正确的决策也不会发挥其应有的作用。如果领导在做决策时没有落实的观念，忽视了落实，不抓落实，那么，再缜密的计划、再正确的政策，都只能成为一纸空文。领导做决策要以执行为前提，抓住落实这个关键环节。

从这几个关键入手，可以从最基本的大方向上规避决策失误，只有牵住了"牛鼻子"，决策才能顺利进行、顺利执行。

甩手掌柜当不得

对领导而言，岗位不仅是一种职业，更应是一种事业。领导者应该恪尽职守，勤于政事，认真对待工作。

洪秀全从四十一岁进天京（南京）城至五十二岁去世，从未迈出天京城门一步，他既不上马杀敌，也不过问朝政。十一年间仅颁布过二十五篇诏书，而且 1854~1858 年这五年竟然未发一诏，全然空白。连他的老对手曾国藩也奇怪地感叹："洪逆深居简出，从无出令之事。"摊上这样的领导者，太平天国哪有不失败的道理！

现代社会中依然有不少像洪秀全这样的人，一旦有了一官半职，精神就开始变得很松懈，很多事情都不愿意去做了，就是自己分内的事也多交派给下属去做，自己则悠闲地当起了甩手掌柜。比如有的领导，从工作报告、会议讲话到汇报材料等，不分轻重缓急、不论文章长短，从不自己动手，一律由秘书代笔，只在开会讲话时拿着稿子上台念一遍而已。

现代管理理论都重点强调"执行力"这个词，执行力是一个组织成功的必要条件，组织的成功离不开好的执行力，当组织的战略方向已经或基本确定之后，执行力就会变得更为关键。而要想保持良好的执行力，领导者的工作态度、敬业精神无疑就是一个重要因素。

土光敏夫在接管日本东芝电器公司前，东芝已不再享有"电器业摇篮"的美称，生产每况愈下。土光敏夫上任后，并不是每天都坐在办公室里办公，而是每天巡视工厂，遍访了东芝设在日本的工厂和企业，与员工一起吃饭，闲话家常。每天清晨，他总会比别人早到半个钟头，站在厂门口，向工人一一问好。员工受到这种气氛的感染，加深了相互间的沟通，士气大振，努力工作。不久，东芝的生产恢复正常，并有了很大发展。

"官不勤则事废"，如果一个领导者不尽心尽力、尽职尽责地干好本职工作，他所领导的部门或团队必定混乱不堪、弊病百出。

领导者勤于政务是德政之基，善政之要，执政之魂。如果领导者对于工作态度散漫，贪图清闲，做个甩手掌柜，又怎么能带出纪律严明、执行到位的团队呢？在其位就得谋其政，领导者也有自己的岗位职责、工作任务，应该恪尽职守，勤于政事，认真负责地干好工作。

提升领导者的决断

这是一个很旧的故事：

布里丹的驴子肚子饿得咕咕叫，于是它到处寻找吃的东西。布里丹的驴子真幸运，很快发现左边和右边都有一堆草可吃。于是它到了左边那堆草边，可审视一番后觉得没有右边那堆草多，所以饿着肚子跑到右边去。结果到了右边以后又发现没有左边那堆草的颜色青。想想，还是回到左边去吧。就这样，一会儿考虑数量，一会儿考虑质量，一会儿分析颜色，一会儿分析新鲜度，犹犹豫豫，来来回回。这只可怜的驴子，最后被饿死了。

故事虽然很旧，却给了我们一个很重要的启示：在瞬息万变的市场经济浪潮中，一个企业要想避免陷入布里丹式旋涡里，就必须有具有决断的领导者把航，让企业直驶胜利的彼岸。

所谓决断，是指拿主意，做决定，也指决定事情的魄力，而企业领导的决断，指的是企业的决策者快速判断、快速反应、快速决策、快速行动及快速修正的综合能力。它是企业领导力的主要组成部分，它具有攻击性、快速性、实战性、灵活性、复合性、关键性6大特点。对于企业而言，仅知道什么是企业领导的决断是不够的，重要的是还要知道如何提高企业领导的决断力。

1. 决断前做好 5 个问答，可以有效地减少决策失误

（1）"何事"即"What"。了解决策的目标。

（2）"为何"即"Why"。了解决策的方向，决策的目的，决策的价值。

（3）"何人"即"Who"。明确应该由谁来做决策，由谁负责，由谁执行，由谁监督。

（4）"何时"即"When"。强化决策的时效性，因为决策的质量与做决策的时机密切相关。

（5）"何处"即"Where"。进一步界定做决策的环境，做决策的地点。

2. 决断时要考虑 5 个因素，用以全面提高决策的质量

（1）风险（Risk）。即决策实施之后的各种不利因素，或各种副作用，要制定相应的对策。

（2）对手（Rival）。你在决断时，竞争对手也在决断。所以知己知彼，考虑对手的决策，才能确保企业立于不败之地。

（3）关系（Relation）。由于每一个决策都不是孤立的，它牵扯到方方面面的利益关系和人际关系，因此只有理顺关系，决策才能成为现实。

（4）报酬（Reward）。这是激励实干者，提高决断的一个极为重要的途径。

（5）结果（Result）。为什么要做这个决策？这个决断实施后能够带来什么结果？是否值得做这个决策？企业的决策者在决断时要强调务实和效益，不能只考虑动机愿望，只制订目标计划。

考虑了这 5 个因素，企业领导者的决策就有了系统性、预见性，就有了可操作性和现实性，领导者的决断也能得到提升。

3. 决断时要扩大选择的空间

这需要领导者具有创新的观念和开阔思维。而且决策的质量与选择的空间是正相关的。选择的空间越大，决策的质量就越高。反之，选择的空间越小，决策的质量则越低。

4. 决断时要排出标准的顺序

决断重在选择，而选择是有标准的。现代企业的任何决策都不可能是在单一标准下的选择，因此领导在决断时要考虑经济的标准、社会的标准、环境的标准等多个标准。标准多了就有一个排序的问题。按照重要性排出哪个是第一标准，哪个是第二标准，哪个是一般标准。在决断时能兼顾则兼顾多个标准，但多个标准有冲突时就要首先考虑第一标准，其次是第二标准，最后是一般的标准。

本文开头讲的布里丹驴子的故事，驴子之所以最后会饿死，其问题就出在标准没有排序上面，决策的难点不是多方案选择，而是多标准选择。排序是决策的基本功，领导者须下功夫掌握排序的技能。

5. 决断时要借助"外脑"

现在知识经济时代，显然只依靠领导者的头脑已不够用，大势所趋需要借助"外脑"。

所谓"外脑"，可以是企业的管理人员，也可以是企业的普通员工；可以是本企业本系统的专业技术人员，也可以是企业外部的专家学者；可以是客户，也可以是供应商。总之，只要他对问题熟悉，有自己独到见解的就可以成为"外脑"。

一般说来，充当"外脑"的人数越多越好。多了就有代表性，有利于从多个方面多个层面开拓"内脑"的思路，提高决策的质量。借助"外脑"的智力可以有效提高企业领导者的决策力。

做决策要遵循的原则

决策是一门科学，如何做好准确的决策分析至关重要。领导者要想做出准确的决策分析，就必须遵从科学的决策原则。从实践来看，领导者要想做出准确的决策，应遵循以下几条基本原则。

1. 选准目标原则

决策目标是指要达到的目的，决策目的明确与否，直接关系到决策效果的好坏。决策目标明确了，选择就会有依据，行动就会有针对性；决策目标不明确，选择就会发生偏移，甚至还会有南辕北辙的可能。在进行决策前，领导者要善于发现问题、分析问题，找出问题的症结所在，做出准确的决策。

2. 信息准确原则

现代决策涉及各方面的因素，领导者需要取得比较广泛的准确信息。如果信息是"一鳞半爪"或"道听途说"，决策的依据就不可靠。领导者必须深入调查，获取全面的、准确的信息，才能做出符合客观规律的决策。

3. 系统的原则

这是决策的灵魂。任何决策都应从整体出发，以整体利益为重。一切局部的、暂时的利益都要服从全局的、长远的利益。然而，局部利益又包含于全局利益之中。这个全局和局部的辩证关系，是系统原则的精髓。只有坚持这个原则，才能使决策促进全局和局部的协调发展。

4. 可行性原则

决策方案必须切实可行，否则即使是完美的方案，也只是纸上谈兵。决策方案是否可行，就要对其有利因素和不利因素、主观条件和客观条件做出周密而细致的分析。对已形成的多种方案的利弊得失，必须认真地做出定量和定性的分析比较，做出评估。只有经过审定、评价、可行性分析后的决策，才能有较大的把握和可实现性。

5. 集体决策的原则

在企业的起步阶段，主要靠个人的经验决策。决策的正确与否，主要取决于决策者的个人学识、经验和胆略等。但在企业的壮大阶段，决策的内容是很复杂的，个人的经验决策已行不通了，要吸收多方面的意见。特别要听取专家的意见，进行充分的分析，然后集中正确合理的内容，才能做出科学的决策。

6. 分层次多系统决策的原则

就是根据总的决策目标，由各个层次、各个系统进行具体目标的决策，也就是把总的目标变成各个层次、各个系统的具体责任。这样最终才能实现决策目标。一般情况下，上级领导不应过多地干涉下级决策，更不能代替下级决策，而应让他们根据实际情况自主决策，这样可以增强各级组织的责任，调动他们的积极性，从而实现总目标。

明确决策的流程

科学的决策是一个过程，由一整套决策程序，即若干决策步骤所构成。领导者在决策中的作用绝不仅仅是"拍板"决策，在"拍板"的前后都有大量工作要做。因此，领导者在做出决策之前，要先明确决策的流程：

1. 发现问题，确定目标

处理事情一般包括三个环节，即发现问题、分析问题和解决问题。其中，发现问题是解决问题的起点，由于客观事物是复杂多变的，因而发现问题不是一件很容易的事，必须经过调查研究。没有调查，就没有发言权，领导者只有深入到实际中去调查，才能发现问题。发现问题之后，就要分析问题，找出问题的根源，然后提出解决问题的总体设想，即目标。

2. 分析价值，拟订方案

目标确定后，要分析目标价值，就是做这件事的投入与产出是否合算，效益有多少、有没有负效益等等。确认了目标价值，就要寻求实现和达到目标的有效途径和办法，即拟订方案。在拟订方案时要准备多种方案备选，只有一种方案是很难实现科学决策的。

3. 专家评估，选定方案

对于拟订的若干方案，要进行充分的评估。而正确的评估，只能由各方面的专家来实现。所谓评估，就是对方案进行定量和定性的分析，预测方案近期和远期、局部和整体、经济和社会的效益，如果同时具备这些效益则是最佳方案。但在现实中，同时具备多种效益的方案是极少的，那么就要在各种方案中进行比较，选出那种正效益较高、负效益较低，即比较满意的方案。

4. 实验试行，检验效果

方案选定后就要实施，为了减少失误，在方案全面实施前，一般都要进行试点，以验证方案的可行性和实效性。在试点过程中，领导者要认真分析、总结经验和教训，找出带有普遍性的规律来，具体分析出成功与失败中的偶然因素和必然因素。如果试点成功，就可进入全面实施阶段。如果失败，则迅速反馈回去，改变决策。

5. 修改方案，普遍实施

这是决策程序的最后一环。如果在实验试行后证明：这个方案在总体上是可行的，那么在修正弊端的基础上，就要全面推广实施。由于实施方案是一个动态过程，主观和客观条件都在不断地发生变化。因此，领导者要加强方案实施过程中的监督和控制，如果出现小的偏差，那么只做微调；如果主客观条件发生了大的变化，影响了决策目标的实现，那么就必须对原定目标做根本修改。

以上决策流程，只是一般规律，在不同的决策中，各个步骤可以互相交叉进行，有时也可以合并或省略。

洞察时代形势的变化

面对当今瞬息万变的企业环境，解读及预测时代发展趋势，不仅是企业高层的责任，也是许多领导需要共同承担的研究课题。

的确，在当今这样复杂的环境下，要想成为顺利地推动公司组织发展的人，已经越来越不容易了，必须至少具备以下条件：

（1）能找出全球性时代潮流与大众动向，并加以分析。

（2）能综观整个行业，找出自己的定位，并反映在实际的工作中。

（3）能对未来加以预测，并不断顺应时势，修正不合时宜的规划。

（4）能全面考虑工作，做事有决断，能让周围的人充分了解你的见解。

（5）能拟订 3~5 年的中长期进度表。

现代企业更新换代的速度和频率之高，已经无法承受任何因为错误决定所带来的严重后果。一旦判断有误，领导不仅无法将目标与自己的行动结合起来，在实现目标的方法上，也会因为忽略了重要的指导纲领，而无法全神贯注地将精力投入到执行计划的过程中。而出现这所有现象的根源都是因为领导者无法掌握现况，对整体与自己的联系认识不清。

面对这样的状况，领导者的当务之急就是要从颓势中扭转过来。可惜现实中，许多领导者却因为不知如何应对这种状态而患得患失，在做决策时迟疑不前。常见的情况包括：

（1）因信息不足、缺乏自信，以致浪费时间，错失良机，无法做出明确判断，或是做出错误的决策。

（2）因上司经常表示不满，而导致决策力更为迟钝。

（3）一遇到需要做出正确无误的决定时，就会增加开会次数，以期能集思广益。

（4）因为过去不用心进行自我充实，所以很难迈向更高的层次。

（5）因没有养成深思熟虑的习惯，以致无法发掘事情的真相。

无论从上司还是下属的立场来看，这样的领导都是无法让人信赖的。因此一旦企业需要进行调整，他们就会最先遭到淘汰。作为领导应该高度警惕。

某著名企业曾在数年前执行了一项震撼管理界的决策。内容是在200位厂级的领导中，命令其中的50位"自己离开公司，在家等待机会"。

这50位领导者就是因为不能洞察时代形势，跟不上企业发展的脚步，才被命令离开公司的。

一般来说，观察时代的形势变化时，领导者应该注意以下几个重点：

（1）形势变化不一定是以非常直观的形式来表现，很多

　　管人要稳　管事要准

时候都可能体现在有效细微的征兆上，这就需要领导者有极其细致的观察能力。

（2）要能敏锐注意到会引发重大事态的形势变化，并积极从各种渠道搜集有关资料。

（3）搜集来的资料必须先由当事人确认无误，并客观地加以验证才能使用，以免因个人偏见或误解而庸人自扰。

（4）面对变化时，不能一味担心抱怨，而应针对该项变化提出应对方案，或修改应对方案，拟订更有效的决策。

形势的转变是稍纵即逝的，如果领导者不能尽早掌握情况，等到事发后才谋求对应之策，往往就会措手不及，造成无法弥补的损失。这样的企业既无法与其他公司竞争，内部也必定问题丛生，长此下去，必然会被淘汰出局。

第三章

着眼大局，埋头拉车还要抬头看路

走出"盲人摸象"的误区

美国哥伦比亚大学教授默顿在《社会理论与架构》一书中说："一件事情的发生，若由于错误的定义，则可促成一个错误行为变成事实。"只凭主观意识，看到事情的某一方面，最终必定会像"盲人摸象"一般，导致错误的结论。作为领导者，只有统筹兼顾，从全局着手才能在复杂的情况下做出正确的决策。

日本协和发酵会社的社长加藤辨三郎就曾因轻率决策而导致经营决策出现了重大的失误。

当时，日本啤酒界广为人知的怪杰朝日啤酒社长山本为三郎对加藤说，用地瓜制造啤酒是一个新创举，你有没有兴趣？而且他介绍这个构想源自东京农业大学教授助江金元，他已经研究了多年。这一专利权属于一家叫东洋啤酒公司的企业，东洋啤酒公司曾经打算把这个创意实行产业化，但不知什么原因失败了。

山本为三郎社长进一步说，这项专利不见天日，实在可惜。他称自己曾想让朝日啤酒株式会社买入这项专利，然后投入生产，但遭到一些股东的反对，未能形成统一的决议，只好被拖延了下来。为此，他就向加藤推荐，并许诺如果加藤真的开发该项目，他的公司会提供支持。

听了山本为三郎这位啤酒行家的介绍，加藤觉得很有道理，认为他的构想非常不错；第一，以地瓜作为原料制造啤酒，成本低廉；第二，由于制造成本低，售价当然也低，这样竞争优势就强；第三，售价低和竞争力强，销路必然就好，那么效益必定也不错。

这3个结论，从理论上似乎都站得住脚。加藤认为，根据日本酒税的规定，用地瓜制造啤酒会因为没有麦芽含量而税收大减，至于味道问题，加藤觉得日本各家啤酒公司的产品，味道大同小异，而德国生产的啤酒群雄割据，各种牌子的啤酒都有其独特之处，它们都畅销无阻，这地瓜制造的啤酒自然也就不在话下了。

加藤经过上述的理论分析，再加上迷信老行家的说法，做出了决策，从东洋啤酒公司买下了专利权，接着投入生产。为了推出"地瓜啤酒"，加藤第一件事是为产品命名，经过反复思考后，他决定命名为"拉比"，"拉比"是法语，是"生命之泉"的意思，加藤觉得很好，既有意思，又易记。第二件事就是全力投入生产，第一年生产了300万吨，第二年生产了近1000万吨。

经过两年的投资生产后，加藤发现了严重的问题。第一，生产成本并没有设想的那么低廉，各方面的成本加起来，每瓶成本为75日元，比预计的每瓶50日元高了25日元。第二，由于成本不低，所以售价也没有多大的竞争力。当时其他名牌啤酒每瓶售价仅125日元，如果地瓜啤酒每瓶售价100日元，那么既没有竞争力，而且也没有多少利润可言。第三，命名"拉比"并没有加藤预想的那般好，当它在市场出现后，一些消费者指出"拉比"的语音很像英文中的某种寄生虫，所以众多人对"拉比"敬而远之。第四，尽管做了声势浩大的广告宣传和促销，但是销量还是很小。据酒吧、餐馆的反映，从来没有主动提出要喝"拉比"啤酒的顾客。

加藤从筹划到生产经营地瓜啤酒，最后到损失惨重而停止生产经营，共经历了3年多的时间，最后加藤不得不宣告失败了。这一决策导致加藤损失了设备投资费5亿日元，损失促销宣传费7.8亿日元，再加上其他一些费用，共失去了13亿日元，它使加藤20多年的资金积累损失殆尽。

加藤的决策失败，很大程度上就是因为他对获取的信息没有认真分析甄别，没有进行调查研究和去伪存真，就片面地做出了决策。加藤从失败中吸取教训，在其日后的经营中注意在全面地了解信息之后再做出决策，才使企业获得了"春风吹又生"的机会，并逐步发展成为日本最大的啤酒公司之一。

领导者的决策直接影响到企业的发展，因此，领导者必须做到审时度势，纵观整体，即便是在执行决策的过程中，也要从全局看问题，一定要避免"盲人摸象"的现象出现。

找准自己的"位置"

俗话说：人贵自知。作为一个领导者，必须找准自己的位置，进而真正了解自己的责任。

正副职、上下级，位置不同，具体责任也有区别，但是基本责任是一致的，一是出主意，二是用干部。在企业内部，所谓"出主意"，就是出谋划策，在吃透企业文化和上级指示精神的前提下，在吃透本部门工作的基础上，广泛发扬民主，虚心听取各方面意见，集中下属的正确意见，就涉及企业全局的重大问题和关系下属切身利益的大事做出正确决策，提出实施决策的切实可行的方案和办法。决策时需避免某个领导个人拍脑袋和少数领导说了算的现象，避免以口号落实口号、以会议落实会议、以文件落实文件。所谓"用干部"，就是搞好企业内部管理人才的培养、选拔和使用工作，做到提拔使用管理人才时不求全责备，看实绩、主流和本质，玉有小瑕而不舍，木有微朽而不弃，支持实干的，处理捣乱的，教育混饭的，鼓励转变的。领导者要有容人的雅量。须知大凡人才或致力于学问，或潜心于事业的人，往往拙于玲珑处世，不肯投机钻营。他们有真知灼见，说话处世不那么"随和"，用起来似乎不那么顺手。

作为领导者，要从事业出发，从大处着眼，切不可以亲疏和个人好恶为标准。领导者在用人上要注意下属的优势互补和性格互补。对每个领导者而言，出主意和用干部两者缺一不可。

只注意前者而忽视后者，再好的主意也是一纸空文；只强调后者而放松前者，下属就会方向不明，再能干的人也有劲儿无处使。所以认清自己的位置、明确自己的责任，是每个领导者做好领导工作必备的思想基础。

把准大势，放眼长远

一个领导者的发展是否有潜力，关键要看领导者自己有没有眼光。所有行业的领导都有一个共性，就是用深邃的目光找到成功的捷径，然后带领部属向着胜利的方向顺利前进。

克劳塞维茨在《战争论》中有一句非常著名的话："要在茫茫的黑暗中看到微光，带领着队伍走向胜利。战争打到一塌糊涂的时候，将领的作用是什么？就是要在茫茫黑暗中，用自己发出的微光带领队伍前进。"这段话说的就是优秀的将领必须具有长远的战略眼光。其实，不仅仅是军队，任何行业的领导都是如此，必须眼光长远，能看清成功的道路该怎么走，然后带领下属向着胜利的方向前进。

曾任联想集团担任微机事业部负责人的杨元庆，就有着不同于常人的战略眼光。当时的市场情况非常不好，国产微机大都溃不成军，然而在巨大的压力下，杨元庆没有丝毫慌乱，而是以一个指挥家应有的从容镇定，在"茫茫的黑暗中寻找微光"。

杨元庆对整个家用电脑市场进行详细分析之后，看出电脑市场正在向家庭渗透，越来越多的人希望能够把电脑搬回家，但当时中国老百姓的收入水平不高，而一些高档电脑的价格却出奇的昂贵。于是，杨元庆立志要做物美价廉的电脑，他将联想电脑定位为经济型电脑，以适应中国百姓的购买能力。为了尽可能地降低电脑成本，以达到廉价的目的，杨元庆不惜改变元件的供应链。他对供应商说："如果你给我的货不能又好又快又便宜，我就找别人。"后来他果然把价格昂贵的供应元件退回去不少，然后，杨元庆让技术主将刘军再接再厉地缩减成本，刘军说所有的油水都挤得差不多了。杨元庆回答："不！还有！还有机箱！还有包装箱！还有包装箱里那些泡沫塑料！"最后出来的新机箱造价只有进口机箱的 1 / 8。就这样，在这场不见硝烟的战争中，联想成为最后的赢家。

　　"时势造英雄"，时势给每个人的机会都是相同的，但为什么最后总是只有极少数的人才能成为英雄呢？那是因为并不是每一个人都有长远的眼光，只有英雄才能识别时势。在领着下属做的同时，还能注意往前看。杨元庆就是凭着出色的战略眼光一举成为联想的功臣，这也为其后来掌管联想的帅印奠定了坚实的基础。

　　1363 年，朱元璋受到陈友谅和张士诚对应天（今南京）的两面夹攻。双方血战之时，江北形势骤变。小明王韩林儿和刘福通派出的三支北伐军遭到元军反击而惨败。小明王退兵安丰后，张士诚却派大将吕珍围攻安丰，情况十分危急。小明王多次派人向朱元璋告急。为此，朱元璋召开军事会议，讨论派兵解围问题，会上众将一致反对派兵救援，就连军师刘伯温也坚决不同意。但朱元璋却力排众议，毅然派兵去救小明王。

朱元璋为什么愿冒这样的风险？因为他认为安丰是应天的屏障，安丰失守，自己的应天就暴露在敌方的攻击之下，救安丰就是保应天。至于小明王，他在红巾军和劳苦群众中影响最大，最有号召力，是一面旗帜。朱元璋尊小明王为主，打他的旗号，一来是利用小明王的影响，争取人心，二来是将元朝打击的矛头引向小明王，以便实现他的更大图谋。

事实证明朱元璋的这一步棋走对了，他利用小明王的力量遮风挡雨，自己则在江南迅速发展势力。后来等到羽翼丰满的时候，朱元璋又面临着先打张士诚还是先打陈友谅的选择。

当时张士诚和陈友谅的势力都与朱元璋旗鼓相当，究竟先攻灭哪一方势力呢？朱元璋的许多下属看到张士诚的军事实力低于陈友谅，就建议先攻张后打陈，但朱元璋却做出了与他们相反的判断。他认为张士诚缺乏进取心，陈友谅却习惯进攻，如果先攻打张士诚，陈友谅必然会全力来攻打自己，使自己腹背受敌，而如果先攻打陈友谅，依照张士诚的性格，肯定会犹豫不决，不会参与他们的战争。于是，朱元璋果断决定先打陈友谅。后来的形势发展果然与朱元璋所料不差，部下们都对他的判断佩服不已。

后来，朱元璋又根据不断变化的天下大势，制定出了"先取山东，撤其屏蔽；旋师河南，断其羽翼；拔潼关而守之，据其户槛……然后进兵元都"的一系列正确的战略决策。长远眼光是正确决策的保证，正确决策是事业成功的保证，朱元璋一路顺水顺风，在短短十六年的时间里，从社会最底层奋斗成为开国皇帝。

眼光决定成败，领导者的"看"永远比"做"更重要。领导者应该学习朱元璋，在做决策之前别忘了先把准大势，先看到事物未来的发展方向，再指挥下属一起低头拉车，坚定不移地走下去，成功也就不远了。

好的领导总有新的目标

鸟无翅不能飞，人无志不成才。一个人必须为自己树立远大的理想，确立能够为之努力的目标，才会有所成就。但凡成功的人，没有一个是没有目标而盲目努力就能成功的。一个好的领导者，时刻都有为之努力的目标，当一个目标实现之后，另一个新的目标又出现了，就这样循序渐进，最终达到成功。

一个领导者设立的目标要明确，不仅要将长期目标和短期目标相结合，还要懂得确立每一个工作阶段的目标，这是极其重要的。因为梦想要通过行动来完成，而行动需要目标做指引。好的领导不会忽略任何一个小目标，也不会让自己在某个阶段没有目标，在他们的工作日程上，永远都会有激励下属前行的希望——目标。

星巴克总裁霍华德·舒尔茨在《寻找美国最优秀的商业领袖》一书中指出："一个优秀的领袖应该对自己企业的未来有一个图景。领导者需要学会将心中对于未来发展的图景和那些希望与你共事的人分享，越具体越吸引人。当你工作时，公司未来发展的图景应该每天都在你的脑海里，而且随着时间的变换而发展。一个优秀的领导者会时时更新这个图景。这样，员工们才会感觉到他们与企业的未来休戚与共。"

没有伟大志向的人是不可能成功的。身为领导如果不能确定自己的工作目标，没有工作志向，那么必定会被眼前鸡毛蒜皮的事情弄得头昏眼花，也必定会成为下属的笑柄。所以领导者要树立明确的目标，这是使团队沿着正确的方向稳步前进的必要条件。但目标定得要适当，必须是经过努力才能达到的，否则它不但无法起到相应的作用，还会对下属造成负面的打击，使他们失去信心。

孔子说："吾十有五而志于学，三十而立，四十而不惑，五十而知天命，六十而耳顺，七十而从心所欲，不逾矩。"孔子正是为自己人生的不同阶段都立下了不同的目标，并为之努力，最终成为我国知名的教育家、思想家，也成就了自己在弟子眼中好老师的完美形象。

在今天，孔子的学说和理论早已传到了世界各地，并为一些优秀的领导者奉之为管理经典，运用于管理工作之中。一个领导者也应像孔子一样，对自己工作的每一个阶段立下一个目标，让自己的领导生涯中总有新的目标，这样才不会在工作中迷失方向，才不会带领下属误入歧途，才会向既定的方向稳步前行。

网易领导人丁磊是个言出必行的人。他曾说过："其实当你的成果受到市场欢迎的时候，就说明你快要被别人超越了，而且别人怎样超越你，你永远也不会知道。既然如此，从成果出来的那一天起，你就只有自己否定自己，开发一个更新更好的产品，

管人要稳　管事要准

永远战战兢兢，永远如履薄冰。网易之所以有今天，就是不断地在实现了一个目标以后又开始了新的征程。"他也用事实证明了：在网易，没有目标和计划的人是不会有立足之地的。

目标，是指引人不断前行的灯塔，它不但指引了前进的方向，还为努力着的人增添了前进的动力。世界上没有哪一个成功的领导者不是从树立目标开始，通过努力实现它，然后又开始向一个新目标跋涉。有目标才有动力，有了目标，下属才能尽力工作，领导者才能带领下属成就大业。

要能"走一步看三步"

只顾眼下不顾后路的领导者，迟早会出问题。走一步能看三步，看清三步再走下一步，这是一种使未来了然于胸的高瞻远瞩的眼界，也是一种成熟睿智的领导艺术。

美国前总统理查德·尼克松曾在《领导者》一书中写道："成功者一定要能够看到凡人所看不到的眼前利害以外的事情，需要有站在高山之巅极目远眺的眼力。"这句话非常清楚地指出了高明领导与平庸领导的区别在于看问题时的眼光上。

平庸的领导者由于性格狭隘、学识肤浅等原因，看问题时视野有限，只看到眼前的事物，或者只看见事物的表象。工作的时候，总是边走边看，得过且过，唯上级的命令是从，缺乏主动性；处理问题时，也只能是头痛医头，脚痛医脚，只管解决眼前的问题，却不知釜底抽薪。不仅劳心劳力，还总让自己陷入困境走不出去，最终被淘汰出局。而高明的领导者则能高瞻远瞩，放眼未来，放眼世界，能看透事物的本质，准确把握时代脉搏，预测事物的发展方向，这样的领导者工作起来就会游刃有余，如鱼得水。

鲁肃最初投奔孙权时，孙权在与之交谈后，对鲁肃的为人及见识颇为满意，当其他宾客告退时，孙权又单独留下鲁肃，同他对饮，并秘密商议时局大事。密谈中，鲁肃为孙权提出了未来发展的对策，这就是著名的《榻上策》。鲁肃说："汉室是没有希望复兴的了，曹操也是一时半会儿除不掉的，因此，作为将军的您只有立足于江东来观察天下局势的变化。目前要趁北方混战多事的良机，向西进军，消灭黄祖，攻打刘表，将整个长江流域都据为己有。到那时，将军就可以建立国号称帝，然后力图夺取天下。这正是当年汉高帝缔造的大业啊！"

现在很多人都对《隆中对》几乎顶礼膜拜，然而事实上《隆中对》不过是《榻上策》的修订版而已："曹操不可卒除"与"此诚不可与争锋""以观天下之衅"与"若天下有变""鼎足江东"与"保其岩阻""建号帝王以图天下，此高帝之业也"与"霸业可成，汉室可兴矣"，后者无一不是对前者换一种方式的再诠释。

《榻上策》比《隆中对》高明之处在于，它明确地看到了"汉室不可复兴"的发展趋势。要知道，这一论断是在汉室当时仍有一定影响力的建安六年（201）说出来的，再看八年之后诸葛亮还信心百倍地在说"汉室可兴"，鲁肃的战略眼光由此可见一斑。后来东吴政权的建立和扩大，正是执行了这一正确的战略决策的结果。

领导者作为团队的指引者，应该开阔视野，放远眼光，如果鼠目寸光，工作起来就会头痛医头、脚痛医脚，缺乏系统性与可持续性，难以将工作做好。领导干工作之所以顺水顺风，就在于他们能预见未来的发展趋势，能一眼洞察事物的本来面目，能准确辨别团队的前进方向，高瞻远瞩、审时度势，在着眼全局、着眼未来的大背景下去思考问题、谋划策略，领导下属开展工作。

坐在指挥的位置上，如果什么也看不见，就不能叫领导；坐在指挥的位置上，只看见地平线上已经出现的东西，那是平庸的领导；只有当清晨第一缕阳光刚刚露出海平线的时候，就能看出未来会出现的大趋势，才是好领导。走一步能看清三步，看清三步再走下一步，这是一种使未来了然于胸的高瞻远瞩的眼界，也是一种成熟睿智的领导艺术。有如此战略眼光的领导者才是企业最需要的领导。

化整为零地落实目标

任何远大的目标都要建立在实践的基础上，都必须靠一步一步的努力才能得以实现。再辉煌再宏大的野心和理想，剥去美丽的外衣之后，留下的也只是一些小而具体的目标和不懈的努力。

从某个角度而言，这并不意味我们每件事都会做得很好，也并不意味着一切事就此马上改观。因为最成功的人必然是那些懂得分寸的人，他们不会一口气承担下能力所不及的事，总能把一个大目标分割成数个可以达成的小目标，最终累积成所期望的成功。

我们都知道人类是在 1969 年首次登上月球的。但并不是所有人都知道整个计划——阿波罗登月计划有多么的复杂，其总体设计有多么的庞大。

这是美国有史以来最鼓舞人心的计划之一。有 120 所大学实验室、200 多家公司从事研制，至少有 42 万人参与其中。这项计划所面临的问题的复杂程度可想而知，遇到的困难不言自明。但是，该项计划通过化整为零，分解工作，然后把各部分再分配到有关单位，这样就使复杂的问题简单化，于是问题也就解决了。这听起来让人难以相信。可是，它却已经成功了。

领导者在工作中，会遇到很多既复杂又麻烦，有时甚至令人找不到头绪的问题。几个人，几十个人，甚至许多人也无法解决，在面临此类问题时，领导者可以尝试运用化整为零的方法，将问题进行分解，然后就会发现，问题竟然迎刃而解了。

化整为零其实就是对整体加以分解，一般有两种办法。第一，对于一项重大的任务，将其分解成较小的局部任务。比如大指标分解成分指标，分指标再分解，直到最终落实到有关部门或个人头上为止。第二，对于在一定时间内需要完成的重要工作，将其分解为几个阶段，再落实到有关部门或个人分阶段加以完成。经过分解之后的任务，即使失败了，也容易找到失败的原因，容易更正。因为在这种分解任务下的失败通常不是全盘皆错，而是在某个或某些环节出了差错，只要有针对性地加以更正，就能将存在的问题加以解决而不必将整件工作推倒重来。

领导者在运用"化整为零"的方法研究和解决企业面临的问题时，可以先把所面临的问题看作一个整体或是一个系统，弄清楚它的内涵是什么，它本身所处的大系统是什么样的，有什么性质和整体目标；弄清楚问题在大系统中具有什么样的地位和作用，它与大系统中其他各因素之间有什么样的关系等，然后才能对面临的问题做出正确的判断。

比如，领导者首先将全公司的目标和任务进行分解，具体落实到每一个部门。然后是部门再次进行分解，具体落实到每一小组直至员工个人。至此，整个企业的总目标、总任务都明确地划分了职责和职权，企业目标和任务的完成也就有了充分的保证。

譬如一家销售公司要销售一种产品，目标是今年要达到6000万元的利润。那么，如何来分解这个任务呢？不是把这6000万元平均分担到每个销售人员身上，这种方法不是团队的做法，也不适应现代商业运作的要求。

首先，领导者要知道这6000万元的利润是如何出来的，它由多少个区域市场的业务组成，大市场有多少，小市场有多少，中等市场有多少。

其次，领导者要了解这些市场都分布在哪些区域，都由哪些部门或者单位管理，获取这些业务的方式是竞标，团购，还是零散销售。

再次，要获得这些业务，领导者应该做多少前期市场调查工作，领导者又要做出多少个竞标方案或广告投入等等。

只有把这些工作都做好了，才有可能获得业务，从而达成利润指标。

这就要求领导者把业务划分、市场调研、方案制作、广告投入等工作分解到不同的工作小组之中去，再由这些工作小组把每一件事情分配到相关人员手中。这样做的目的只有一个，就是确保每一个环节的专业度，确保业务目标的完成。术业有专攻，每一人都有自己的专长，领导者要充分利用每个人的优势，而不是要求一个人去完成一项系统工作的所有环节，让他去做他擅长的那部分就足够了。这就是"化整为零"的核心所在。这样一来就能让一些在某些人看来是极困难的事能在另一些人那里轻而易举地完成，这也是化整为零地落实目标的优势所在。

第四章

公平考核，用统一的"尺子"衡量员工

要员工明白：想要得到最好的，就必须努力争第一

现在，以业绩为导向的绩效管理越来越受到企业组织的重视，并已经成为组织内部管理的主要内容。而绩效管理的核心之一就是激励。可以说，激励效应是提高绩效最有效的方法。人的主动性、积极性提高了，组织和员工会尽力争取内部资源的支持，同时组织和员工的技能水平将会逐渐得到提高。因此绩效管理就是通过适当的激励机制激发人的主动性、积极性，激发组织和员工争取内部条件的改善，提升技能水平进而提升个人和组织绩效。作为管理者，就要注重培养员工奋勇争先的意识，要让员工明白：想要得到最好的，就必须努力争第一。我们不妨先看看这个故事：

家庭，是一个人一生中最早接受教育的地方。一位著名心理学家为了研究家庭对人一生的影响，在全美选出了50位在各自的行业中获得了卓越的成就的成功人士和50位有犯罪记录的人，然后分别给他们写信，请他们谈谈家庭对他们的影响。

在回信中，有两封给他的印象最深。一封来自白宫的一位著名人士，一封来自监狱一位服刑的犯人。他们谈的都是同一件事：小时候母亲给他们分苹果。

那位来自监狱的犯人在信中这样写道：小时候，有一天妈妈拿来几个红红的苹果，大小各不同。我一眼就看中了一个又红又大的苹果，十分喜欢，非常想要。这时，妈妈把苹果放在桌上，问我和弟弟："你们想要哪一个？"我刚想说想要最大最红的一个，这时弟弟抢先说出我想说的话。妈妈听了，瞪了他一眼，责备他说："好孩子要学会把好东西让给别人，不能总想着自己。"于是，我灵机一动，连忙改口说："妈妈，我想要那个最小的，把大的留给弟弟吧。"

妈妈听后非常高兴，在我脸上亲了一下，并且把那个又红又大的苹果奖励给我。我得到了我想要的东西，从此以后，我就学会了说谎。再后来，我又学会了打架、偷、抢，为了得到想要得到的东西，我不择手段。到现在，我被送进监狱。

那位来自白宫的著名人士是这样写的：小时候，有一天妈妈拿来几个红红的苹果，大小各不同。我和弟弟都争着要大的，妈妈把那个最大最红的苹果举在手中，对我们说："这个苹果最大最红最好吃，谁都想要得到它。很好，现在，让我们来做个比赛，我把门前草坪分成两块，你们两人一人一块，负责修剪好，谁干得最快最好，谁就有权得到它！"

于是，我们两人比赛除草，结果，我赢了那个最大的苹果。我非常感谢母亲，她让我明白了一个最简单也最重要的道理：

　　　　管人要稳　管事要准

想要得到最好的，就必须努力争第一。她一直都是这样教育我们，也是这样做的。在我们家里，你想要什么好东西就必须通过比赛来赢得。这很公平，你想要什么，想要多少，就必须为此付出多少努力和代价！

故事中的道理显而易见，母亲不偏不倚，让孩子通过竞争赢得苹果，不仅能培养孩子正直的人格，还能让他们明白：要想得到最好的，就要学会竞争。企业管理亦是如此。管理者要想让企业形成一种欣欣向荣的景象，就要以业绩为向导，不偏不倚，让员工通过努力竞争证明自己，获得与成绩相匹配的奖励。

找到绩效不佳的常见原因

以业绩为向导，进行绩效管理的价值在于帮助员工改善绩效、构建管理者和员工之间的绩效合作伙伴关系。那么，如何才能发现员工绩效不佳的原因，找出影响员工绩效的真正原因，并制定针对性的改善措施，是管理者必须认真对待的问题。通常，影响员工绩效不佳的常见原因往往出现在管理者和员工身上。

1. 管理者管理不当造成的

（1）管理者放任员工的行为。

郝咪担任部门主管已经3个月了，但她发现部门里有些员工似乎缺乏最基本的技能，有时候他们甚至不知道自己应该做些什么。自己不得不手把手地教他们，而且必须不停地督促他们。员工的表现让郝咪想到了前任部门主管张乐，郝咪认为这一定是张乐的一些管理方法出了问题。于是，郝咪在请张乐吃饭的时候聊到了这个问题。

郝咪说："请您说说您是怎么指导他们的工作的，遇到问题的时候您又是怎么处理的，或许能给我一些启发。"

"这没什么大不了的"张乐说，"有时候他们需要有人帮他们将所有的工作组织起来，有时候他们则需要有人鼓励他们，去和该会面的顾客打交道……我就是这样，在他们需要的时候，就站在他们身边，来做那个帮助他们的人。"

听了张乐的话，郝咪知道了自己遇到的问题不在自己身上，而在前主管张乐的管理方法上。很显然，张乐以前对员工的要求太过宽松，他放任他们，和他们妥协，在他们遇到困难的时候，第一个站出来帮他们，他以为这样做会使那些员工易于管理，不会横生枝节。其实，这样对管理者和员工而言都很不利。对管理者而言，需要超负荷地工作；对员工而言，没有得到锻炼，工作技能得不到提高。最终结果是双方都费力不讨好：工作绩效不理想。

（2）缺乏和员工的沟通。

在工作过程中，管理者很少和员工沟通，任务布置下去了，就任由员工自我发展，对过程不关心、不过问，只是在最后要结果。当截止期限到来的时候，才发现工作结果和自己心中期望的结果相去甚远，但是员工这时候就不这么认为了，他认为自己一直是在按照管理者的要求做。由于缺乏工作过程中的沟通，就导致了管理者和员工对工作结果的不同理解。

所以，管理者要加强和员工的沟通，把工作任务分解为几个小阶段，在一些关键阶段上，适当地进行沟通，了解员工的进展情况，并加以辅导，调整员工的工作方向，使之朝期望的结果前进，这样就不至于造成最后的结果与预期相去甚远的尴尬了。

（3）管理者指示不明。

小张的稿子一直不被上司王玫认可，她总是不明白小张写来写去想要表达的中心思想是什么。而小张在修改稿子的时候，同样也是心情沮丧，他认为自己的稿子很完美，不需要修改，但上司王玫却一直不满意。

对小张修改后的稿子，王玫还是不能认可，所以决定自己修改，王玫的举动更是打击了小张的工作热情，直到下班，小张还一直沉浸在沮丧中。

其实，出现这种情况并不只是小张自己的原因，王玫也有不可推卸的责任。有可能是她在交代工作的时候根本就没和小张进行沟通，没有向他传达清楚稿件的主题。在面对小张稿子有问题的时候，王玫选择自己修改，而忽略了对小张的指导和帮助。要知道，王玫作为管理者的这种行为不仅不会帮助小张提高，反而会深深地打击小张的信心。

2. 员工本身的一些问题导致的

（1）员工工作方式不当。

员工是否按照规定的程序工作会影响到工作绩效。有的员工自主性很强，可是工作绩效却很低。这就可能是因为他们本身的工作方式不当引起的。尤其是一些有既定程序、工作方式的工作，如果不按照工作程序进行，就会对绩效造成影响。

（2）员工的私人问题的影响。

员工的身份都是双重的，既是有着职位的员工、经理、上司、下级，也是别人的父亲、母亲、丈夫、妻子，所以，员工绩效不佳很重要的一个原因可能是被私人问题所困扰。比如，一个员工和妻子关系不和，正在闹离婚，这个时候，员工的工作情绪自然很差，很多工作可能被拖延，至少也是无法保证质量。

（3）员工的工作态度恶劣会影响绩效。

有些员工可能工作能力很强，但绩效却很差。这有可能是因为其对别人的建议抱有抵触的情绪，并不从心里接受他人的建议，这样的工作态度也会造成员工的绩效不佳，因此不可忽视。

作为管理者，你要和员工沟通，了解员工的情况，对员工表示关心，同时，要明确地告诉员工："我很理解你的处境，我可以尽我的力量帮助你，但是，作为你，同时有两个工作，一个是公司里的事情，一个是家里的事情，这两件事情都要处理好，在工作时间里，你要把应该做好的工作完成。"这样，员工就会认识到虽然自己遇到了麻烦的事情，但工作还是要照样开展的，绩效也会因此改善。

一般来说，员工绩效不佳都不是管理者或员工单方面的原因，了解了造成员工绩效不佳的原因，可以帮助管理者有效提升员工的绩效。

重视对员工的绩效评估

公司年终的绩效考评终于结束了，张经理所带领的 A 部门的绩效比王经理带领的 B 部门的绩效差了很多。张经理怎么也想不明白，我的员工同样都是每天工作 8 小时，为什么结果会相差这么多呢？张经理为了解开这个困惑，便主动找到 B 部门王经理取经。

王经理听明张经理的来意后，笑眯眯地从抽屉里拿出一份绩效评估表递给张经理。

王经理说："我的员工之所以能够取得优异的成绩完全依靠这份绩效评估表。"

这一席话说得张经理更是一头雾水了，这份表能有这么大的作用？看出了张经理的迷惑，王经理接着说："其实这份表很重要，但更重要的是从这份表中获取的东西。每个月我都会把员工的工作情况详细地记录下来，给予评估，并每月组织员工就这一评估讨论一次。从这每一次的评估和讨论中，员工们有什么工作上的困惑都会得到解答，而且工作方法也能得到改进，更重要的是每个员工之间还能有竞争，谁也不甘落后。通过这一方法，业绩自然提升得很快。"

听完王经理的解惑，张经理也决定在 A 部门中开展绩效评估。3个月后，张经理带领的 A 部门的业绩上涨了 30%，虽然没能赶得上 B 部门，但这一成绩已经足以令人刮目相看了。

很多企业忽视对员工的绩效评估，认为这样会打击员工的信心，给员工造成一定的心理负担。然而正是由于这种片面的想法，才使企业年终的业绩不容乐观。所以，领导者一定要重视对员工的绩效评估。不过，在对员工进行绩效评估的时候还应注意以下几个方面：

1. 评估不能只做表面文章

一些管理者对考核的重要意义没有认识清楚，以为不过是个形式，自己的意见不会起什么作用，打分自然也就不会那样慎重。

另外，中国传统的"好人主义"也严重影响了考核的严肃性和现实意义。有些管理者奉行中庸之道，凡事追求不偏不倚，对员工的评估抱着"差不多就行了"的态度，对所有员工的评估如出一辙。

还有一些企业直接将成功企业的绩效考核办法完全"拿来"为我所用，自以为找到了一个有效的管理"武器"，但在实际操作中却走了样，无法起到应有的作用，从而造成绩效考核走过场，流于形式。

这些只做表面文章的考核对企业来说没有任何实质性的作用，绩效评估不能为了评估而评估。评估是手段，不是目的，如果评估不能激发员工潜力，不能成为推动员工发展以及推动公司成长的驱动力，那就失去了其存在的意义。

因此，管理者在对员工进行评估的时候，不要只做表面文章，在评估过程中，要秉承严肃、认真的态度，只有这样才能真实反映公司员工的情况。否则，一个连真实情况都搞不明白，连员工在工作中有哪些问题都看不出来的管理者，又如何能带领员工创造更高的业绩呢？

2. 随时对员工的工作进行评估

许多管理者平时对员工们的表现不作任何评价，只是在年终回顾绩效的时候才进行绩效评估，这种毫无预警的评价要么就毫无作用，不能让大家从讨论中获得任何益处，要么会让员工感到不满。

要避免这种情况，管理者最好随时对员工的工作进行评估。正如杰克·韦尔奇所说："做出评价对我来说无时不在，就像呼吸一样。在管理中，没有什么比这更重要。我随时都要做出评价——不论是在分配股份红利的时候，还是在提升谁的时候——甚至在走廊里碰到某个人的时候。"

随时对员工的绩效进行评估，这样员工既有足够的机会改善工作中不足的地方，管理者又可以顺便和员工讨论一下员工对绩效的努力目标，还能使员工在年终绩效评估时，不至于对结果感到意外，甚至怨气满天飞。

通过经常性的绩效评估，员工可以常常纠正自己工作中的缺点和不足之处，这是提高员工业绩的有力保障。

3. 不要过分在意员工是否满意

管理者在评估的时候往往神经比较"脆弱"，员工一旦有所不满就忐忑不安。虽然奖惩不是考核的目的，但是绩效评估结果的运用往往会触及部分员工的利益，没有人钱袋子瘪了还能开怀大笑，这时员工有所不满也属正常。这时，管理者应该做的就是要弄明白员工的不满到底来自哪个方面，是自己的工作没做好还是其他的原因，而不是一味地重视员工满不满意。只一味地重视员工的满意度，就表示管理者只是一味地承认员工的成绩而忽略员工工作中的不足，在这种一味肯定成绩的企业，员工的业绩是很难得到提升的。

考核一定要实事求是

先讲一个曾在名古屋商工会议所发生的真实故事：

日本西铁百货株式会社社长长尾芳郎，把自己特别欣赏的一个朋友介绍给名古屋商工会议所，因为该所急需一名管理分部的主任。

名古屋商工会议所主席土川元夫和这个人面谈后，立即告诉长尾芳郎说："你介绍来的这个朋友不是个人才，我很难留他。"

长尾芳郎听完以后非常吃惊，接着便有点儿生气地说："你仅仅和他谈了20分钟的话，怎么就知道他不能被留任呢？这种判断太草率，也太武断了吧！"

土川元夫解释说："你的这个朋友刚和我见面，就自己滔滔不绝地说个没完，根本不让我插嘴。而我说话的时候，他似听非听，满不在乎，这是他的第一个缺点。其次，他非常乐意宣传他的人事背景，说某某达官贵人是他要好的朋友，另一个名人是他的酒友等，向我表白炫耀，似乎故意让我知道，他不是一个一般人。第三，在谈业务发展时，他根本说不出来什么东西，只是跟我瞎扯。你说，这种人怎么能共事呢？"长尾芳郎听完土川的话后，也不得不承认土川的分析很有道理。

就这样，土川元夫没有顾及老朋友的情面，拒绝了他的推荐。后来，经过努力寻找，土川元夫终于找到了一个真正有才能的人。

这个故事中，土川元夫无疑给我们做了一个榜样——管理者在对员工进行考核时，一定要实事求是，行就是行，不行就是不行，绝对不能存有任何的私心偏念，否则，只会给企业带来损失。

赵靓从学校毕业后，应聘到某公司策划部。赵靓属于那种聪明好学，刻苦钻研，能力又非常强的人，因此很快就适应了工作。在做好自己本职工作的同时，她还经常向主管提出一些富有创意的想法。

但是，赵靓的主管并没有因此而赏识她，相反，却十分妒忌她的才能。在工作中，处处压制她，总是抓住她的一些小毛病不放。

两年过去了，当初和赵靓一起进公司而且能力不如她的同事，一个个都升了职，加了薪，而她却还是一个普通员工。无奈之下，赵靓只好辞职去了另一家广告公司。在那里，她得到了经理的重视，并且很快就能独当一面了。

正是由于赵靓的出色表现，这家广告公司的业务越做越大，和许多企业都建立了合作关系，这其中有相当一部分是赵靓原来公司的客户。后来，原来公司的老总知道了这件事，一怒之下，辞退了那个"妒贤嫉能"的主管。但是，公司由于失掉赵靓这个人才而遭到的损失却是无法弥补的。

对员工的工作进行考核是管理者应尽的职责，更是一项挑战。如果管理者能够实事求是地做好这项工作，那么对企业、管理者及员工都有利，可以达到"共赢"的效果，反之，则对各方都不利。那么，管理者怎样才能做到实事求是呢？

1. 避免光环效应

当某人拥有一个显著的优点时，人们总会误以为他在其他方面也有同样的优点。这就是光环效应。在考核中也是如此。如：某员工工作非常积极主动，管理者可能会认为他的工作业绩也一定非常优秀，从而给他较高的评价，但实际情况也许并非如此，因为积极主动并不等于工作业绩。

所以，在进行考核时，管理者应将所有被考核员工的同一项考核内容进行考核，而不要以人为单位进行考核，这样就可以有效防止光环效应。

2. 避免感情用事

人是有感情的，而且不可避免地会把感情带入他所从事的任何一项活动中，绩效考核也不例外。管理者喜欢或不喜欢（熟悉或不熟悉）被考核员工，都会对被考核员工的考核结果产生影响。人们往往有给自己喜欢（或熟悉）的人较高的评价，对自己不喜欢（或不熟悉）的人给予较低评价的倾向。

针对这种情况，管理者可以采取集体评价的方法，去掉最高分和最低分，取其平均分，避免一对一的考核。

3.避免近因误导

一般来说，人们对最近发生的事情记忆深刻，而对以前发生的事情印象浅显，管理者对被考核员工某一阶段的工作绩效进行考核时，往往会只注重近期的表现和成绩，以近期印象来代替被考核员工在整个考核期的绩效表现情况，因而造成考核误差。如：被考核员工在一年中的前半年工作马马虎虎，等到最后几个月才开始表现较好，却能得到较好的评价。

管理者要避免近因的误导就要明白，绩效考核应贯穿于管理者和员工的每一天，而不是考核期的最后一段时间。管理者必须注意做好考核记录，在进行正式考核时，参考平时考核记录方能得出较客观、全面、准确的考核结果。

4.避免自我比较

管理者往往会不自觉地将被考核员工与自己比较，以自己作为衡量他们能力的标准，这样就会产生自我比较误差。若管理者是一位完善主义者，他就有可能会放大被考核员工的缺点，给被考核员工较低的评价；若管理者有某种缺点，则无法看出被考核员工也有同样的缺点。

这就要求管理者将考核内容与考核标准细化、明确，并要求管理者严格按照考核的原则和操作方法进行考核。

用统一的"尺子"衡量员工

这个故事发生在很久以前。

有一个很有智慧的国王，名叫"镜面"。

有一天，国王让盲人去摸象的身体：有摸着象脚的，有摸着象尾的，有摸着象头的……

国王便问他们："你们看见了象没有？"盲人们争着说："我们都看见了！"国王又问："那么你们所看见的象是怎样的呢？"

摸着象腿的盲人说："王啊！象好像柱子一样。"

摸着象尾的说："不，它像扫帚！"

摸着象腹的说："像鼓呀！"

摸着象背的说："你们都错了！它像一个高高的茶几才对！"

摸着象耳的盲人争着说："像簸箕。"

摸着象头的说："谁说像簸箕？它明明像一只笆斗呀！"

摸着象牙的盲人说："王啊！象实在和角一样，尖尖的。"

……

因为他们生来从没有看见过象是什么样的动物，难怪他们所摸到的、想到的都错了。但是他们还是各执一词，在王的面前争论不休。

于是，镜面王哈哈大笑，说："盲人呀，盲人！你们又何必争论是非呢？你们仅仅看到了一点，就认为自己是对的吗？

唉！你们没有看见过象的全身，自以为是得到了象的全貌。"

这个故事就好比有些管理者在对某一员工进行评价的时候，以不同的标准来衡量，就会有不同的看法。如果管理者以人品来判断甲员工，以业绩来判断乙员工，又以勤劳度来判断丙员工，那他将很难得到准确的评价，也就很难判断某一员工是不是真的适合企业发展的需要。所以，要想准确地考核一个员工，就应该用统一的"尺子"衡量。

一些著名的管理专家认为，一个统一的"尺子"应该具备以下特点：战略一致性、信度高、明确性、可接受性。

1. "尺子"的战略一致性

战略一致性是指考核的标准，即"尺子"是否与企业的战略、目标和文化一致。如果某公司是一家服务业公司，那么它的考核标准就应该是对其员工向公司客户提供服务的好坏程度进行评价。战略一致性同时也强调考核标准为员工提供一种引导，使员工能够为企业的成功做出贡献。

2. "尺子"的信度要高

信度的一种重要类型是评价者信度，即对员工的绩效进行评价的管理者之间的一致性程度，也就是甲管理者和乙管理者对员工评价的一致性程度。如果两个管理者对同一员工的工作绩效所做出的评价结果是一样的（或接近一样的），那么这种考核标准就具有了评价者信度。此外，对绩效的衡量还应当具有时间上的信度，即在不同时间对同一员工进行考核却得出截然不同的结果，那么这种考核标准就缺乏信度。

3."尺子"的明确性

明确性对于绩效管理的战略目的和开发目的有着很重要的影响。明确性是指"尺子",即考核标准能够为员工提供一种明确的指导,告诉他们公司对他们的期望是什么,以及如何才能达到这些期望。如果一个考核标准没能明确地告诉员工,他们必须做些什么才能帮助公司实现战略目标,那么这一标准就很难达到其战略目的。此外,如果这一标准没能指出在员工绩效中所存在的问题,那么要想让员工去改善他的绩效就几乎成了空谈。

4."尺子"的可接受性

可接受性是指运用"尺子",即考核标准的人是否能够接受它。许多经过精心设计的考核标准具有极高的一致性,但是由于这些标准要耗费管理者们太多的时间,因此他们拒绝使用这些标准。此外,那些要接受评价的人也可能会拒绝接受这种考核标准。如果员工认为某种考核标准很公平,那么它的可接受性就比较大。一个统一的考核标准的制定必须把管理者或者员工的可接受性放在重要的位置。

不以成败论"英雄"

一般来说,在一个企业中,那些工作表现好、业绩出色的员工往往容易受到管理者的偏爱,而对于那些有失败、过失记录的员工来说,他们会在管理者心中多少留有一些偏见。管理者的不良心态,对组织人际关系是非常有害的。它会导致员工

不满情绪的产生，甚至是员工内部的对立，从而打破了企业内原有的和谐的人际关系，

最终可能会导致两极分化，而且管理者也许会成为企业中"众说纷纭"的人物。

常言道：胜败乃兵家常事。没有胜负的企业竞争是纯理论的。因此，容许员工有胜负，是希望员工能"负负得正"，走向更大的胜利。这是企业领导的用人责任。

对于管理者来说，员工业绩的取得是一件喜事，也是值得管理者为之骄傲的。但这种骄傲一定要放在企业这个大家庭的基础之上，不能滋生一种强烈的个人偏好和憎恶情绪。

管理者对取得一定成绩的某个员工的偏爱，虽然是在很大程度上给了他信心与继续挑战困难的勇气，或许随之而来的还有更多的获得工作业绩的机会。但是企业是属于公司里每个成员的，每个人都应该享受同等的权利与待遇。你对某个员工的偏爱，就会让其他的员工为你们的这种亲密关系不知所措，一个个问号随之而来，在脑海中肯定了又否定，否定了又肯定。经过一段时间的折腾之后，他们与你和你所喜爱的那位员工的距离便渐行渐远。

由于待遇的不平等，机会享受的不公正，组织关系就会变得紧张，他们就会对工作产生抵触情绪，从而会使你的判断力大打折扣。如此下去，公司就仿佛变成了四分五裂的一盘散沙，企业的这股绳上结出了许多解不开的"死疙瘩"。

管理者对业绩不太出众或犯过错误的员工的成见和对业绩

好的员工的偏爱一样，无论是对工作，还是对组织的人际关系的和谐与发展都是有害的。

古人云："人非圣贤，孰能无过？"错误固然是不可逆转的，但管理者却不能从此以后就给某位员工下"他只会犯错误"或"他根本无法办好此事"的结论。

犯了错误的员工通常都有自知之明，他们在对自己的行为检讨的同时也是懊恼不已。这时管理者对他的斥责只能使他的信心再受一次打击，甚至有了"破罐子破摔"的想法。也许他本来是个很有才华的人，却因为管理者无意中的评价给扼杀了，这显然是企业安定团结的一种巨大的潜在危险。

人们常说，一个失败者的出路有两条，一是成为更辉煌的成功者；二是成为出色的批评家。不可否认，失败是教训的拥有者，管理者如果能给他们一个成功的机会，他们就会将这些教训转化为成功的财富。所以，请管理者消除心中的成见吧，别再对员工的几次失败耿耿于怀，再给他们一次机会。坐下来，与他们恳谈，帮助他们分析犯错误的原因，找到症结，恢复他们的自信心，在你的言谈举止中充分表现出你对他们的信赖。只要他们走出消极的误区，一样能为企业创造佳绩。

作为一个管理人员，你应该懂得，员工工作的好坏与他是否犯过错误，是否有过失败的经历并没有关系。失败和过失都是暂时的，不代表他一生都这样。你的任务是客观、正确地评价员工在各个阶段的工作业绩，并不断地使其能力得以提高。

第五章

降低内耗，促进组织和谐发展

左手"严刑重罚"，右手"法外施恩"

春秋时代郑国的著名政治家子产的政绩备受封建时代统治者称道。清朝人王源说："子产当国，内则制服强宗，外则接应大国，二者乃其治国大端……子产为春秋第一人。"

子产是郑国宰相，当他将死的时候，对将成为自己接班人的游吉说："我死后，你一定会被重用，你一定要严格治理人民。火的外表猛烈，所以很少有人会被烫伤；水的外表很柔弱，但是往往会淹死人。所以你必须严格执行法制，而不能懦弱。"

子产死后，游吉到底是心有不忍，于是郑国出现了好多盗贼，都躲在郑国一个大泽里，成了郑国的祸害。游吉带兵和他们打了一天一夜才得胜。游吉感叹地说："如果早听从子产的教导，就不会有今天的后果。"

在历史上，这样的故事不断出现：

南宋理宗时，衢州江山县有一伙人想占山为王，且已经商量好了暴动的时间和地点。

不料，传递消息的人被官府抓住了。知州陈埙详细了解了这些人的情况后，便有了主意。

他按兵不动，派人送肉送酒给准备当草寇的人，并带口信说："你们不做良民而做草寇，不去耕田而舞刀弄枪。这样能有什么好处呢？现在送些酒肉，希望各自珍重，如果不听劝，本官就只好杀无赦了。"

这些准备举义的人得知密谋已经泄漏，官府有了准备，只好纷纷前去自首。

接着，陈埙又下令：凡献出兵器的自首者一律重赏。于是，投奔官府的人越来越多。陈埙未发一兵一卒，便从容地平息了一场即将发动的暴动。

可见，管理者既应懂得运用"严刑重罚"的威吓手段，也应懂得"法外施恩"的笼络手段。也就是说，管理者要学会视情况而采取相应的措施，对于无法宽大处理的要"严刑重罚"，而对于那些可以挽救的事情，则"法外施恩"，给予对方改错的机会。如此一来，就能最大限度地消除内耗，把力量集中在解决关键问题上，促进企业发展。

识别员工冲突的来源

有人的地方就难免会有冲突，企业中亦是如此。造成企业内部冲突的原因有很多，有些是由个性差异引起的，有些则是由工作的方式或者利益分配引起的，有的矛盾则可能是多种原因共同作用的结果。

毫无疑问，处理冲突的能力是管理者需要掌握的多项技能中最重要的技能之一。美国管理协会对中层和高层经营管理人员进行的一项调查表明，管理者平均需要花费 20% 的时间处理冲突；在对于管理者认为在管理发展中什么方面最为重要的一项调查发现，冲突管理排在决策、领导或沟通技能之前，这进一步支持了冲突管理的重要性。

　　斯蒂芬·P.罗宾斯在其所著的《管理学》一书中写道："冲突是由于某种抵触或对立状况而感知到的不一致的差异。差异是否真实存在并没有关系。只要人们感觉到差异的存在，则冲突状态也就存在。"另外，在此定义中还包含了极端的情况，一端是微妙、间接、高度控制的抵触状况，另一端则是明显、公开的活动，如罢工。

　　多年来，人们对于组织的冲突大致有着三种不同的观点：

1. 传统观点

　　早期的看法认为，冲突是不利的，并且常会给组织造成消极影响，人们把冲突看作是暴力、破坏和非理性的同义词。由于冲突是有害的，因此应该尽可能避免。管理者有责任在组织中清除冲突。

2. 人际关系观点

　　该观点认为冲突必然而不可避免地存在于所有组织之中。由于冲突是不可避免的，因此人们应该接纳冲突。这一观点使冲突的存在合理化。冲突不可能被消除，有时它甚至会为组织带来好处。

3. 相互作用观点

这是当今最流行的冲突理论。人际关系观点仅是接纳冲突，而相互作用的观点则鼓励冲突。这一理论观点认为，和平、融洽、安宁、合作的组织容易对变革和革新产生静止、冷漠和迟钝的感觉。因此，它的主要贡献在于：鼓励管理者维持一种冲突的最低水平，它能使组织单位保持旺盛的生命力，善于自我批评和不断创新。

从总体上来说，企业内冲突的来源主要有三个方面：

（1）在企业，每个人都被迫必须每天与不同性格、不同主张、不同经历、不同教育程度的人来往。由于每个人个性不同，就难免会发生冲突。

（2）企业中也常出现因对工作的态度、与同事合作的意愿，以及工作技术上的不同而出现的冲突。这种冲突经常发生在当工作需要与他人密切合作的时候，当同事对于工作方式有不同的看法，或是对于完成工作的时限有不同的观点时，即便这是一点点的分歧，也会造成巨大的冲突。

（3）缺乏沟通也是造成员工间产生巨大冲突的原因。专业术语、表达不清楚、语言障碍等都可能导致冲突。例如程序设计人员与技术人员所使用的专业术语总是让主管和业务员难以理解，而管理者常用的术语也经常让这些专业技术人员摸不着头脑。除此之外，也还有不同专业的人经常对同一种东西使用不同的术语，而对不同的东西却使用同一种术语的情况出现。如果员工们在这些方面存在差异，又没有进行有效的沟通，那么发生冲突也就难免了。

当同事之间、主管与员工之间，或不同部门的成员之间发生冲突时，介入冲突并寻求和平解决的人通常是管理者。解决冲突的办法并不是只雇用同一类型的员工，管理者应该想办法让不同类型的员工能够团结一致，完成工作。

及早拆散"小圈子"

小圈子一词中的"小"不是指其能量小，人数少，而是针对它只为少数人牟私利，在组织上排斥大部分人，只注重自己群体的利益，不管全局的利益而言的。有时候，"小"圈子实际上人数众多，其成员大多占据要位，活动能量很大。

企业中搞小圈子，结党营私，党同伐异往往形成这样的现象：一群人为了使自己的小圈子更壮大，就只选用自己的亲信，只选择"靠得住"的人，而排除"外人"。对于有德有能，又不是自己同党的人不但一律弃之不用，还要百般压制。他们用人的标准不是凭个人的才干，也不是通过"公平竞争"，他们看中的是对方是否是"自己人"，是否能认同小圈子中的信念，是否维护小圈子的利益。

企业常容易存在着这种不正常的"小圈子"。而作为管理者最忌讳的就是组织里有这样的小圈子。因此，管理者唯有及早打破这种小圈子，才能冲开管理困境，让企业运行畅通。

英国的劳埃德保险公司历史悠久，人员众多，为"小圈子"

的形成和发展提供了不少有利条件。20世纪70年代后，该公司的规模又扩大了3倍，内部的贪污和舞弊行为激增。

1982年，劳埃德公司遭遇豪顿事件，使公司内部的贪污事件公之于众。劳埃德公司声誉日下，令公司的高层领导极为震怒，当即下令辞掉豪顿经纪公司的5名主管，有关经理也受到相应处罚。同时，经过进一步追查，发现劳埃德的另几家联合体也牵涉在内。可见，劳埃德的"小圈子"弊病已经危及公司的生存。

总经理戴维森下定决心要进行内部彻底整治，强化财务规章制度。公司的第一项措施就是进行严明的分工，相应地建立具有革新意义的内部规章制度，并且严格制定保密制度、责任制度、偿付能力，以取代非正常的"小圈子"。劳埃德公司采用了现代化的经营管理方式，力图冲破内部的各种阻力，使公司摆脱内部"小圈子"的困扰和豪顿事件的负面影响，使公司庞大的保险业务获得生机。但是戴维森认为，这只是改革的第一阶段，下一步的任务是将小圈子的外围组织打破：起诉保险商和联合组织的一些经理人，让他们为其非法行为承担刑事责任。他强调，在公司内部想牟取私利，将是不能容忍的。经过戴维森的一番彻底"诊治"，劳埃德公司内部呈现出一种生机盎然的新气象。

劳埃德保险公司的转折让我们相信，打破"小圈子"是管理者拯救危险状态的组织的必然行为，管理者一旦纵容"小圈子"的发展，任其势力膨胀而不加干预的话，那它就会变大，或割据一方，搞独立王国，或藐视领导，或公然向最高领导挑战。这种尾大不掉之势一旦形成就很难处理了。有时管理者即使发现了"小圈子"的存在，由于气候已成，处理时也不免投鼠忌器，难以下手。

"小圈子"之于整个公司，就如肿瘤之于人体，一旦肿瘤恶性膨胀，就有吞噬整个机体的危险，就会形成癌症，威胁人的生命。所以管理者决不能容忍"小圈子"的存在。管理者不能纵容姑息，要坚持把它破坏。具体做法就是要么去掉"小圈子"中的头目，要么把整个"小圈子"一并拔除。总之，决不能坐视不理，要及早发现，及早拆散。

让"横茬"变成"竖茬"

阮总手下有 8 名电脑程序开发员，他和他的部属相处得很愉快，唯独与柯易例外。柯易总是能够解决令大家头疼的难题，而且其工作业绩也很好，这使他在公司非常出名。

本来这是件值得庆幸的事情，因为大多数主管都希望自己的下属能干。可问题在于柯易把迟到早退当作家常便饭，甚至还没有到下班时间就找不到人了。但是他又总能在有限的时间内将工作做完，而且还做得比别人好。

尽管如此，阮总仍然认为有必要改变柯易的行为方式，因为他的行为已经影响到了其他人的工作。于是阮总约他面谈，阮总首先肯定了柯易很强的工作能力及其出色的思维，接下来问他为什么总是迟到早退，并指出这样随意变动工作时间对大家来说是不公平的，因为这已经影响到了其他人和整个部门的工作。

但是自以为是的柯易认为，既然别人跟他在能力上有差距导致了问题的产生，那么应该改变其他人的工作，或者是他自己换一份工作。他抛给阮总一个带有威胁意味的难题。

阮总并不想把事情搞得那么僵，他委婉地让柯易明白这家公司的电脑部门很有发展前途，而且他在这家公司刚做不久，离开这家公司未必会有他施展才能的舞台，频繁跳槽对他来说很不利，因此不是一种明智的选择。

于是柯易说出了自己内心的真实想法，他想得到提升，如果他的职位比现在高，那么别人就不会抱怨他的工作时间了。他认为自己的工作实际上已经合乎提升的条件，现在提升更加名正言顺。他认为阮总应该看到这一点，而且也有权力这样做。最后他还建议阮总不妨给自己个不同于其他人的称呼。

阮总虽然感到很意外，但仔细一想觉得柯易的话也很有道理，因为事实上他的确是优于其他程序开发员。但阮总还是担心这是对柯易的放纵。更何况在企业中不仅仅是技术能力强就可以做企业领导，自己连按时上下班这些公司的基本规定都无法自觉遵守，怎么可能给其他员工起表率作用呢？

因此阮总认为，如果按照柯易的意思来改变他的工作职位或是予以晋升，这样做只会强化他恶劣的态度及行为，并鼓励其他同事群起效尤。但他还是必须对柯易的要求做出答复，因为处理不当很可能对柯易造成挫折，使事情变得更棘手。

阮总再一次找柯易谈话。这次，阮总更加仔细而又平静地倾听柯易所说的话，终于察觉到了他经常性迟到早退的不良工作行为之后的工作态度。

　　实际上柯易是那种需要上司额外关注的员工，原因很简单，因为柯易总是能够比其他员工更好地完成工作，他觉得自己没获得应有的权利，心里不公平，最后他的不满便以违纪的形式表现出来。因此，自认为不受上司特别的关注是柯易这种行为背后的原因。

　　为此，阮总向柯易保证，柯易对公司的贡献上司们都心中有数，并拿出他对柯易的工作记录证明自己所说的话是真实的，并一再强调柯易对公司的贡献是非常有价值的。同时再次提醒他，正因为他的工作有价值，所以他经常性的迟到对整个部门的运作产生的负面影响也是巨大的，会使其他员工仿效而导致效率降低，其后果是不利于全体部门的。这次谈话之后，柯易的行为便有了改变。此后，阮总继续不定期地跟他交流，以便巩固上次谈话的结果。最终柯易因卓著的工作业绩受到了公司的嘉奖。

　　像柯易这样的员工在许多公司中都存在，有人称之为"横茬"员工。他们有着自己的见解，以自己的想法工作时，冲劲十足。会遵从他认定有权威的人所说的话，但遇到某些场合时，他不会完全遵守，总会加入自己独特的想法。漠不关心同事与工作部门的状况，也不加入他们的行列，不擅长社交。简言之，在自己一人就足以完成深感兴趣的工作范围内，他是很出类拔萃的。但在与他人协力完成，或领导他人工作时，就变得很不合群，从而给企业的管理造成了一定的影响和障碍。这就要求管理者对这类员工采取一定的方法，进行适当的引导。

管理专家们认为，要将"横茬"变成"竖茬"，同时又不影响其特殊才能的发挥，可以从以下几个方面努力：

（1）研究他本人所具备的特征。"横茬"的特征未必皆如上所述，所以首先要仔细研究现实的"横茬"的特征，包括优点和缺点。接着，研究较易对他施展管理权的部分。如前所述，"横茬"会遵从他认定有权威的人说的话。所以，管理者要根据他的判断基准，研究如何才能使权威获得认可。

（2）经常和他谈话。谈话的重点如下：首先，要真诚地褒奖他的业绩，恰当的评价能使他的心向管理人员打开。其次，要求他遵照管理者的指示。他如果能了解组织应有的状态等基本常识，心中多少会觉得内疚。不要只采取正面迎击的突破方法，也要想出能应对各种状况的方法。就像在十字路口，如果有车辆不遵守警察指挥，应该要采取什么应变措施。

（3）建立系统。分派给对方必须获得同事协力的任务，或是必须留意整个部门的任务。让他体验无法获得成员的协力时，管理者是如何忧心忡忡。他被分派了这些任务，即使心里不愿意，也不得不与管理者密切接触，于是就养成遵守管理者指示的习惯。

（4）以管理业务来提高实绩。"横茬"的价值基准大多为工作，管理者如能以管理业务来提高实绩，则能令对方刮目相看，自然能赢得对方的尊敬。

（5）管理者要严格地自我反省。某位职员会变成"横茬"，一定有其脉络可寻。在演变成"横茬"的初期阶段，只要简单的对策就可使其恢复原状。"横茬"之所以会存在，不是管理者束手无策，就是没有实行有效的对策。因此，管理者必须严格反省与检讨自己的管理行动。如果管理者不能反省与检讨，改正自己的弱点，则无论什么对策，恐怕也无法产生太大的效果。

（6）变更负责的业务。"横茬"最大、最强的基盘，就是以负责的业务来提高实绩。只要他的这个最大据点没有崩溃，他也会安分守己的。变更"横茬"所负责的业务，也会导致其他员工负责的业务变更，暂时使得工作部门整个生产力降低。此时，包括"横茬"在内，员工的适应力会发生问题。因此，这个处置是最后的一张王牌。

不过，需要注意的是，管理者对于各种惩戒措施，如停职、停工或是解雇等各种处分方式即使是在职权之内，最好还是在这些惩戒方式施行前，能确定是否合乎公司的政策，并寻求公司上层的支持。如果是整个团体都涉及惩戒，管理者也还是有必要贯彻公司的规定。因此，不到非常时刻不要采取惩戒措施。开篇的案例显示，认真、充分的面谈是解决问题的好途径。因为成功的面谈可以给双方创造一个合适的环境。要使面谈成功，不但要做充分准备，还必须掌握一定的技巧。

管理者要有容才的肚量

管理者要容忍人才的缺点其实并不困难，很多管理者都能做到。但管理者要想做到不忌妒下属的才能，就比较困难了。

在企业，特别是大企业里面，总是不乏优秀的人才。有趣的是，那些"锋芒毕露"的人，通常只有两条路可走：上位或者出局。除非碰到特别宽容的环境，否则多数锋芒毕露的人都难逃出局的结果。

为什么有才能的人职场之路会如此坎坷呢？就是因为心胸狭窄的管理者最耿耿于怀的并不是人才的缺点，而恰恰是人才的长处。这种管理者往往心里认定自己是所在部门或者公司的老大，下属的能力一定不能超过他。然而既是人才，必有自己的真知灼见，对自己的见解充满自信，不肯对管理者的意见唯唯诺诺，随声附和，自然为管理者不容。

还有一种情况就是人都好面子，管理者很容易把个人尊严看得比工作更重要。一个下属，业绩出色固然是好事，但能把与上司之间的关系处理好可能会更有用一点儿。反过来，如果一个下属给管理者留下了"骄傲自满""目无领导"的印象，即使他的工作成绩再好，也未必有用，管理者仍然会无视他。

关于这一点，阿霖就有着切身的体会。35 岁的阿霖是一家信息技术公司的技术部经理，2002 年 5 月，他的部门新进了两个大学毕业生，小张和小李。小张毕业于某名牌大学，知识面比较全面，综合素质很高，当初面试的时候就给阿霖留下了深刻的印象。正式开始工作以后，小张的工作效率和效果更是出色，与同时加入公司的小李相比，就像是一个有过几年工作经验的人一般。同时，在公司的经营管理方面，小张也能提出一些很不错的提议。很快，小张不仅在部门内风光，就连公司老总都注意到了他，并且在部门经理会议上表露出重点培养小张的意思。

这下阿霖开始坐不住了。他也知道小张的确有点儿能力，但是这个下属平时那种自信的模样就让他感觉不爽，不就是一个名牌大学毕业生吗，有什么了不起的？阿霖更不能接受的是，现在老总竟然要培养他，说不定什么时候这家伙就把自己给顶走了。不行，得找个机会弄走他。反观那个小李，虽然能力一般，但是特别听话，还是他用起来省心一点。

怎么说也是职场老手了，阿霖知道这事不能着急，这个小张虽然没有背景，但毕竟是在老总那里有备案的，再加上他的工作能力的确出色，想一下把他弄走，必须有一个很好的机会才行。

一眨眼半年就过去了，到公司开年会的时候了。照例，每个员工都要在年会上作一个个人总结以及对公司或者部门第二年工作的计划和建议。会上小张的发言很长也很具体，看得出来费了不少心血，却让很多管理层听得有些恹恹欲睡，公司老总反而听得津津有味。

阿霖正听得昏昏欲睡，然而小张的一句发言却一下子让他精神起来了，这句话是这样的："我建议公司明文规定禁止办公室恋情，公司是做事的地方，同事之间就应该仅仅是同事关系，处理问题不能把私人感情色彩带上，恋人或夫妻也不应该在同一公司工作。"

平心而论，阿霖也认为这句话有一定道理，但是这句话却恰恰戳中了老总的痛处。这个老总工作能力没话说，就是在和自己的秘书谈恋爱。现在小张提到了这一点，就算不是针对老总，老总心里大概也会很不舒服吧。果然，阿霖看到老总的脸色有点不自然，阿霖心里大叫一声：机会终于来了，这下我不把你搞死才怪。

果然，没过几天，阿霖就找了一个由头向老总申请重罚一下小张，老总问了事情的经过之后，便主动提出直接让小张走人。而那个和小张一起进入公司的小李，则因为服从管理，用着省心被阿霖提拔起来。看起来事情进行得很顺利，却没想到才过一年，这个平时看起来很听话的小李就闯了大祸，还把他的顶头上司阿霖也牵连了进去。阿霖想着自己还年轻，也不等降职命令，直接辞职，准备寻找个同行企业东山再起。很快，一家大型信息技术企业通知他去接受人力资源部经理和技术部经理的共同面试。"两位经理你们好，我是……"第二天，阿霖敲开这家公司人力资源经理办公室的门，刚刚拿出简历要递过去，忽然失声叫道："小张？怎么是你！"原来，他发现坐在桌子后边面试他的两个人中，竟然有一个是一年多以前被他排挤走的小张。这可真是应了那句老话，三十年河东三十年河西。阿霖仿佛被人敲了一记闷棍，一下子就懵了，大脑里一片空白，之后的面试究竟说了些什么都不知道，好在小张对他的做事能力比较清楚，录用了他。

阿霖的尴尬局面可谓给所有心胸不够宽阔的管理者敲响了一声警钟。嫉贤妒能，容不得能力比自己强的人，是管理者非常不专业的表现。管理者一定要有宽容的气量，要清楚领导不必在各方面都要胜过被管理者。要知道，真正高明的管理者正是那些善用比自己强的人才的人。

如何管理老资格员工？

任何一家公司，都同时存在资深员工和新员工，而资深员工不一定都位居高位，如此一来，苦于无法对年长或资深的员工施展管理权的年轻管理者也为数不少。

某公司的一次人事变动中，某位主管从其他部门调到现在的部门，而全部员工的资历都比他深。其中，王先生是部门工作资历最深的人，而且年纪较长，对主管的反抗也最强。由于主管对他所负责的业务一无所知，便只好采取放任的态度。王先生对这位不太熟悉工作性质的主管，抱着"我说什么你也不会懂"的态度，凡事都不向他报告。其他的员工虽然不像他那么露骨，但也大同小异。大为苦恼的主管接受了大学恩师的忠告，找王先生出去聊天。经过深谈，虽然王先生表现出比以前较为改进的态度，但是作风依然不改。因此，在本质上，主管的烦恼丝毫没有解决。

作为管理者，面对像这位主管这样的情况时该怎么应对呢？

管理者与员工的任务分工应该清清楚楚。一般员工都会被要求按照管理者的指令，完成分派给自己的工作。而管理者则需按照计划管理与监督负责部门的工作。这就要求管理者必须正确地认识自己与一般员工任务的差异点。公司之所以让年轻、经验不丰富的人成为资深员工的上级，是期待他在管理与监督方面发挥实力，而不是借重他的业务能力。不了解这点，想在业务上与资深员工并驾齐驱，结果却心有余而力不足。管理者必须了解自己的职责，即使是面对资深员工，管理者也应将他视为一般员工，要求他完成所负责的业务。

根据上述的说法，可以采取以下几个具体对策：

（1）经常与员工谈话。谈话的目的之一，就是促进彼此的了解。另一方面，也是使员工愉快工作的必要条件。谈话的主要内容，一是把他所负责的业务全权委托给他，但要求他按照指示的方式与次数做汇报。二是拜托他指点自己有关他所负责业务的要点。这有助于管理者自身的学习。三是要明确地向资深员工表达，在工作时，视他为员工。按照规则行事是很重要的。四是从今以后，每当发现存在着某些问题时，彼此务必要坦诚地交谈。管理者的这种率直态度，定能博得员工的好感。

（2）仔细研究员工的个性，如果能使员工发挥他的优点，克服他的缺点，那么他面对管理者的心理也能随之转换。抓住员工心的秘诀之一，就是管理者的体恤。

（3）管理者自身要认真学习。要尽可能早点儿掌握每位员工主要负责业务的要点。睿智的人，每到一个新部门，都会拼命地学习，尽快掌握工作部门的要点。管理者还要研究员工相互间的人际关系，以及与负责部门外部人的私人联系。经过以上的努力，管理者就能早日得到员工的信赖。

（4）离开工作岗位，要把资深员工当长者对待。在单位把他们当员工看待是天经地义的事。但是离开工作岗位后，就变成社会的人际关系，遇到较自己大的人要把他当长者对待，这是社会人应有的礼貌。所以，如能尊敬长者，他也会给予管理者很高的评价。

酒与污水定律：及时清除团队中的"烂苹果"

酒与污水定律是指把一匙酒倒进一桶污水，得到的是一桶污水；如果把一匙污水倒进一桶酒里，得到的还是一桶污水。这跟俗语"一粒老鼠屎坏了一锅粥"很像。

在任何组织里，几乎都存在几个问题人物，他们存在的目的似乎是为了把事情弄糟。最糟糕的是，他们像果箱里的烂苹果，如果不及时处理掉，就会迅速使果箱里的其他苹果也烂掉。"烂苹果"的可怕之处，就在于它那惊人的破坏传导力。

把一个正直能干的人放入一个混乱的部门，他可能会被吞没，而一个无德无才者能很快将一个高效的部门变成一盘散沙。破坏者能力非凡的另一个重要原因在于，破坏总比建设容易。

一个能工巧匠费尽心力制作的陶瓷器，一头驴子可能在一秒钟之内就会将其毁掉。如果一个组织里有这样的一头驴子，即使拥有再多的能工巧匠，也不可能有多少像样的工作成果。因此如果你的组织里有这样的一头驴子，你应该马上把它清除掉；如果你无力这样做，至少也应该把它拴起来。

总之，企业要发展，就要把这些"烂苹果"淘汰掉。这时就必须要求企业管理者冲破感情的束缚，要有果断扔掉烂苹果的魄力和勇气。

日本伊藤洋货行董事长伊藤雅俊就是这样一个有魄力的管理者。

起初，伊藤洋货行是以衣料买卖起家的，后来进入食品业。由于公司内部没有食品管理方面的人才，伊藤洋货行的创始人伊藤雅俊花了不少代价才从东食公司挖来了岸信一雄。岸信一雄来到伊藤洋货行以后，重整了公司的食品部门，他的努力，让公司的业绩在10年间提高了数十倍，对公司可谓功勋卓著。但随着公司业绩的提高，岸信一雄开始居功自傲，无视公司制定的规章制度，更排斥公司的改革措施，公司的战略决策每次只要是执行到岸信一雄那里就一定止步不前。他不仅自己不再努力提高工作业绩，为公司创造价值，还对那些勤奋敬业的员工冷嘲热讽，嘲笑他们即使再干10年也休想获得成功。

在他的影响下，不少员工都开始消极地对待工作，整个部门的人工效率直线下降。董事长伊藤雅俊屡次对他进行批评教育，无奈他不但不改，还变本加厉，最后公司决定把他辞退。

公司的这一决定在公司乃至日本商界引起了不小的震动。尽管公司内部的人都知道岸信一雄如何飞扬跋扈，但人们仍然认为辞退他是不公平的。

在面对舆论的尖锐质询时，伊藤雅俊却理直气壮："秩序和纪律是我们企业的生命，我们不能因他一个人而降低整个企业的战斗力！"今天，我们从企业的发展大局来看待这件事，伊藤雅俊的做法是正确的，严明的纪律的确不容忽视，团队中的"烂苹果"的确需要及时清除。

在一个企业，身为管理者，必须对那些实在难以管教的员工当机立断，必要时也可立即解雇。唯有如此，管理者才能降低组织内耗，促进组织和谐发展。